124 alte und neue Strickmuster

Mit Stricktafeln
Bearbeitet von Gerda Frankl

ISBN 3-7724-0578-9
Best.-Nr. 832 ·
Auflage: 8. 7. 6. 5. 4.
Jahr: 1987 86 85 84 83
Letzte Zahlen maßgebend

frech-verlag
GmbH + Co. Druck KG Stuttgart · Druck: Frech, Stuttgart

Inhaltsverzeichnis

Seite

Die glatte und verkehrte Strickfläche 7

Das einfache Riegerl — ein Füllmodel 8

Das Riegerlwürferl 9

Der Riegerlstreifen 10

Seitengleicher Würfelmodel 11

Bleamerl 12

Bleamerl im verkehrten Grund . . 13

Streublümchen 14

Ein Streifenmodel für Kinderkleidchen 15

Der Messerspitzmodel 16

Seitengleiches Schiefeckerl 17

Kästchen für Männerstrümpfe . . . 18

Das Windradl 19

Kasterl im Rahmen 20

Versetzte Würfel 21

Stiagn-Staffel 1. Art 22

Stiagn-Staffel 2. Art 23

Stiagn-Staffel 3. Art 24

Die Stiage 25

Winkel im Eck 26

Das Bienenkörbel 27

Der Zapfenmodel 28

Doppel-Zickzack Westenmodel . . . 29

Blitzmodel und Mausperle 30

Alte Streifenmodel 31

Das falsche Patentmuster 32

Seite

Alte Streifenmodel für Westen und Strümpfe 33

Ein alter Strumpfstreifen 34

Volkstümliche Zwischenstreifen . . 35

Streifenmodel 36

Die verdrehte Masche als Zierde 37

Handschuhmodel 38

Ausseer Zugmaschenmodel: Vergessene Liab 39

Vier alte Füllmodel 40

Zwei Füllmodel für Kindersachen . 41

Das Kornmandel 42

Die Sanduhr 43

Das Glöckerl 44

Das Glöckerl als Füllmodel 45

Das Loaterl 46

Das Doppelloaterl 47

Die hohe Leiter 48

Lückerlblitzmodel 49

Der liegende Lückerlzickzack . . . 50

Abart der hohen Leiter 51

Ein unterbrochener Lückerlzickzack 52

Sternchen im Streifen 53

Doppelbäumel 54

Das Achterband 55

Das Bäumchen 56

Ein liegender Lückerlzickzack . . . 57

	Seite
Der Rettenegger Model	58
Einmaliger Lückerlmodel aus Laibach	59
Bienenkorb	60
Tränenmodel	61
Blitzmodel mit Dreieckerl	62
Baum und Blitzmodel	63
Durchbrochene Zwischenstreifen	64
Zwei Lückerlzwischenstreifen	65
Spannfadenmodel	66
Der große Lückerlzickzack	67
Blütenmodel	68
Kleines Fensterl	69
Großes Fensterl	70
Fensterl	71
Erbsengrund 1. und 2. Art	72
Die Lochpinne	73
Schuppenmodel	74
Muschelmodel	75
Der schöne Schuppenmodel	76
Rosenlaub oder Rosenblattl 1. Art	77
Rosenlaub oder Rosenblattl 2. bis 5. Art	78
Die große Pfauenfeder	79
Die Fischgräten	80
Abart der Fischgräten	81
Ganz feine Fischgräten	82
Der Baum (eine Abart der Fischgräten)	83
Sehr schöne Zwischenstreifen	84
Das versetzte russische Nahtel	85
Bäumel und russisches Nahtel	86

	Seite
Lorbeerblatt	87
Das kleine Lorbeerblatt	88
Abart des Lorbeerblattes	89
Feines Lorbeerblatt	90
Die Feder	91
Wanzen im Dreieck	92
Fuchsienblüte	93
Versetzte kleine Streifenwanzen	94
Die Wanzen als Streifenmuster	95
Kleine Streifenwanzen	96
Hohe Leiter mit kleinen Wanzen	97
Wanzen und Federn	98
Geteilte Wanzen	99
Glatte Wanzen	100
Käfermodel	101
Blattmodel	102
Feines Lorbeerblatt	103
Der versetzte Schleier	104
Kleine Wanzen	105
Gestrickte Borde, zweifarbig	106
Stiagnstaffel für Zweifarbenstrümpfe	107
Bienenwaben	108
Schuppenmodel: Wadenkeil für Frauenstrümpfe	109
Das Glöckerl: Wadenkeil für Frauenstrümpfe	110
Die kleinen Streifenwanzen: Wadenkeil für Frauenstrümpfe	111
Erbsengrund II. Art	112
Die brennende Liab	112

Strickschrift

Durch die Strickschrift werden uns viele schöne Muster nahe gebracht, die sich sehr leicht stricken lassen; denn jede Stricktafel gibt uns schon durch dic klare Zusammenfügung der Zeichen ein Bild von dem zu strickenden Muster

Z E I C H E N E R K L Ä R U N G

O = rechts, glatt, schlicht

— = links, verkehrt, kraus

8 = verschränkt, verdreht, englisch

/ = umschlagen, umschlingen

2 = 2 Maschen links zusammenstricken

3 = 3 Maschen links zusammenstricken

× = 2 Maschen rechts zusammenstricken

D = 3 Maschen rechts zusammenstricken

V = 2 Maschen verdreht zusammenstricken

°/o = 2 und 2 Maschen kreuzen

X = nach rechts drüberziehen

X = nach links drüberziehen

Wir lesen die Muster von unten nach oben ab. Wichtig ist beim Ablesen die Berücksichtigung der Kehrseite der Strickarbeit, die sich ja in Wirklichkeit anders zeigt als auf der zeichnerischen Darstellung. Das Stricken in der Runde — Strümpfe — ist anders als das Flachstricken für Decken usw.

Strickanleitung

Bei jeder Stricktafel beginnt man mit dem Stricken rechts unten und strickt dann von rechts nach links und von unten nach oben.

Rundstricken:

Beim Rundstricken hat man immer die Vorderseite der Arbeit vor sich. Das Muster ist leicht zu übersehen und die Maschen bleiben in der gleichen Lage.
Wir stricken also Gang für Gang von rechts nach links.

Flachstricken:

Wir stricken den 1. Gang von rechts nach links, ebenso den 3., den 5. usw. Der 2. Gang, der 4., der 6. Gang muß von links nach rechts abgelesen und gestrickt werden. Dabei ist zu beachten, daß Maschen, die auf der Vorderseite glatt erscheinen sollen, auf der Rückseite verkehrt zu stricken sind; was vorne verkehrt zu sehen ist, muß auf der Rückseite glatt gestrickt werden.

Lückenstricken:

Die Grundlage des Lückenstrickens ist der Umschlag. Beim Umschlingen muß der Faden mit der Stricknadel so gefaßt werden, daß er nach links geneigt auf der Nadel liegt. Aus dem Umschlag wird beim Zwischengang (so nennt man das Darüberstricken in der nächsten Reihe) eine neue Masche.

ACHTUNG!

Bei fast allen Lückenmustern finden wir den Satz:

**„Jeder Musterreihe folgt eine Zwischenreihe,
die so gestrickt wird, wie sich die Maschen zeigen".**

Dieser Satz bedeutet, daß jedem Mustergang oder jeder Musterreihe ein einfaches Darüberstricken folgen muß, damit aus dem Umschlag eine neue Masche entsteht, gleich ob wir rundstricken oder flachstricken. Musterreihe ist eine waagerechte Reihe der Stricktafel. Die Zwischenreihe ist nicht aufgezeichnet oder nur bei wenigen Mustern und dann besonders erwähnt.

Name der Strickmuster:

Sehr viele Muster entstammen den Volkskundemuseen Österreichs und der Steiermark. Ihre Namen wurden uns aus Ur- und Großmutters Tagen überliefert in ihrer unverfälscht mundartlichen Sprache. Wir Enkel haben darum nicht das Recht, diese umzubenennen, sondern sollten die alte Volkskunst weiter pflegen und fördern.

Muster heißt mundartlich M o d e l und nicht Modell.
Ein Modell — sagt der Maler.

Die glatte Strickfläche

```
O O O O O O O O O O O O O
O O O O O O O O O O O O O
O O O O O O O O O O O O O
O O O O O O O O O O O O O
O O O O O O O O O O O O O
O O O O O O O O O O O O O
O O O O O O O O O O O O O
```

Die verkehrte Strickfläche

```
– – – – – – – – – – – – –
– – – – – – – – – – – – –
– – – – – – – – – – – – –
– – – – – – – – – – – – –
– – – – – – – – – – – – –
– – – – – – – – – – – – –
– – – – – – – – – – – – –
```

1 glatt, 1 verkehrt

```
O – O – O – O – O – O – O
O – O – O – O – O – O – O
O – O – O – O – O – O – O
O – O – O – O – O – O – O
O – O – O – O – O – O – O
O – O – O – O – O – O – O
O – O – O – O – O – O – O
```

2 glatt, 2 verkehrt

```
O O – – O O – – O O – –
O O – – O O – – O O – –
O O – – O O – – O O – –
O O – – O O – – O O – –
O O – – O O – – O O – –
O O – – O O – – O O – –
O O – – O O – – O O – –
```

Dieses Muster zeigt die 4 einfachsten Strickformen.

Für ganz glatt oder verkehrt gestrickte Flächen nimmt man glänzende, haarige und mischfarbige Garne, da diese keinerlei Musterung brauchen.

Das einfache Riegerl - ein Füllmodel

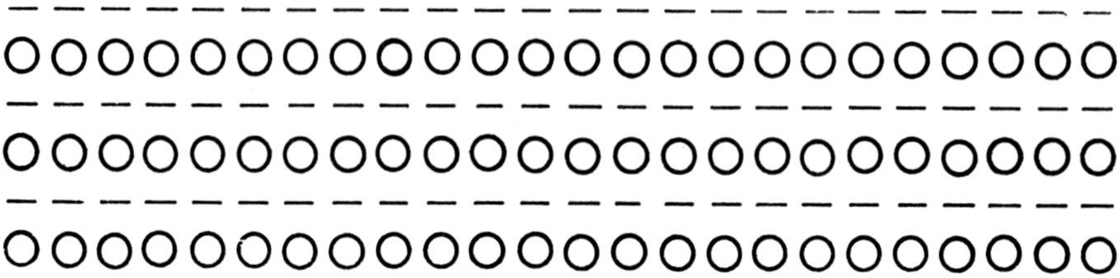

Das Doppelriegerl

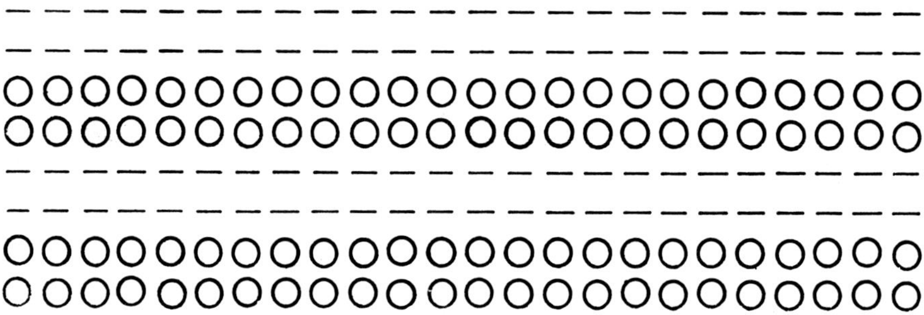

Riegerl = Ackerfurche

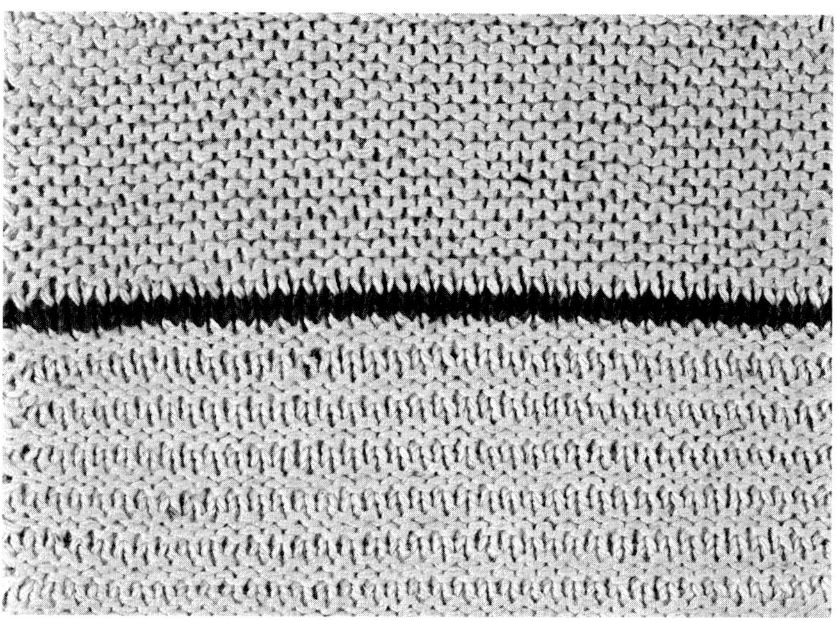

Das Riegerlwürferl - ein alter Füllmodel

```
O O O O O O O O O O O O O O O O O O O O O O O O
O O O O – – – – O O O O – – – – O O O O – – – –
O O O O O O O O O O O O O O O O O O O O O O O O
O O O O – – – – O O O O – – – – O O O O – – – –
O O O O O O O O O O O O O O O O O O O O O O O O
O O O O – – – – O O O O – – – – O O O O – – – –
O O O O O O O O O O O O O O O O O O O O O O O O
O O O O – – – – O O O O – – – – O O O O – – – –
O O O O O O O O O O O O O O O O O O O O O O O O
– – – – O O O O – – – – O O O O – – – – O O O O
O O O O O O O O O O O O O O O O O O O O O O O O
– – – – O O O O – – – – O O O O – – – – O O O O
O O O O O O O O O O O O O O O O O O O O O O O O
– – – – O O O O – – – – O O O O – – – – O O O O
O O O O O O O O O O O O O O O O O O O O O O O O
– – – – O O O O – – – – O O O O – – – – O O O O
```

Das Riegerlwürferl eignet sich gut für größere Flächen und Männersachen. Zwischenreihen sind mit aufgezeichnet.

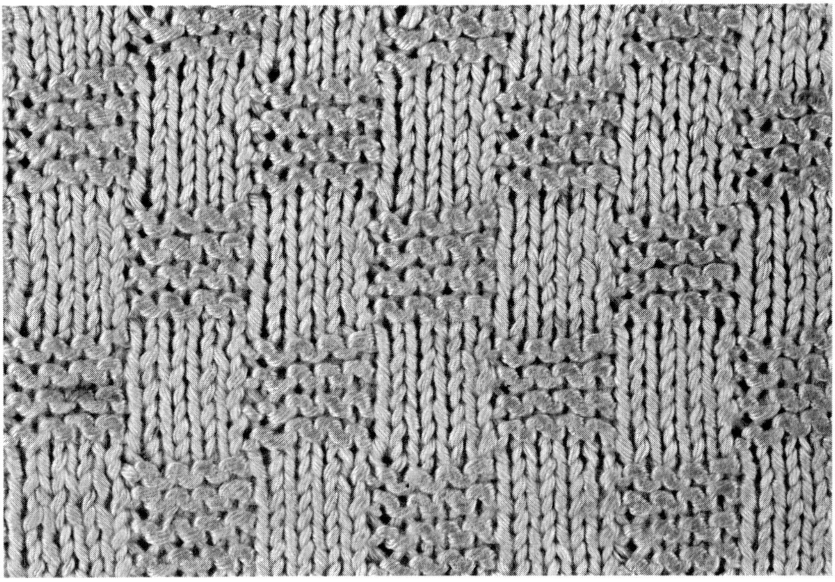

Der Riegerlstreifen

```
– – – – ○ – – – – ○ – – – – ○ – – – – ○ – – – –
○ ○ ○ ○ ○ ○ ○ ○ ○ ○ ○ ○ ○ ○ ○ ○ ○ ○ ○ ○ ○ ○ ○ ○
– – – – ○ – – – – ○ – – – – ○ – – – – ○ – – – –
○ ○ ○ ○ ○ ○ ○ ○ ○ ○ ○ ○ ○ ○ ○ ○ ○ ○ ○ ○ ○ ○ ○ ○
– – – – ○ – – – – ○ – – – – ○ – – – – ○ – – – –
○ ○ ○ ○ ○ ○ ○ ○ ○ ○ ○ ○ ○ ○ ○ ○ ○ ○ ○ ○ ○ ○ ○ ○
```

Der Doppelriegerlstreifen

```
○ ○ ○ ○ ○ ○ ○ ○ ○ ○ ○ ○ ○ ○ ○ ○ ○ ○ ○ ○ ○ ○ ○ ○ ○
○ ○ ○ ○ ○ ○ ○ ○ ○ ○ ○ ○ ○ ○ ○ ○ ○ ○ ○ ○ ○ ○ ○ ○ ○
○ – – – – – ○ – – – – – ○ – – – – – ○ – – – – – ○
○ – – – – – ○ – – – – – ○ – – – – – ○ – – – – – ○
○ ○ ○ ○ ○ ○ ○ ○ ○ ○ ○ ○ ○ ○ ○ ○ ○ ○ ○ ○ ○ ○ ○ ○ ○
○ ○ ○ ○ ○ ○ ○ ○ ○ ○ ○ ○ ○ ○ ○ ○ ○ ○ ○ ○ ○ ○ ○ ○ ○
○ – – – – – ○ – – – – – ○ – – – – – ○ – – – – – ○
○ – – – – – ○ – – – – – ○ – – – – – ○ – – – – – ○
```

Fotografie zeigt nur den Doppelriegerlstreifen. Für Kindersachen wird gerne der Riegerlstreifen angewandt.

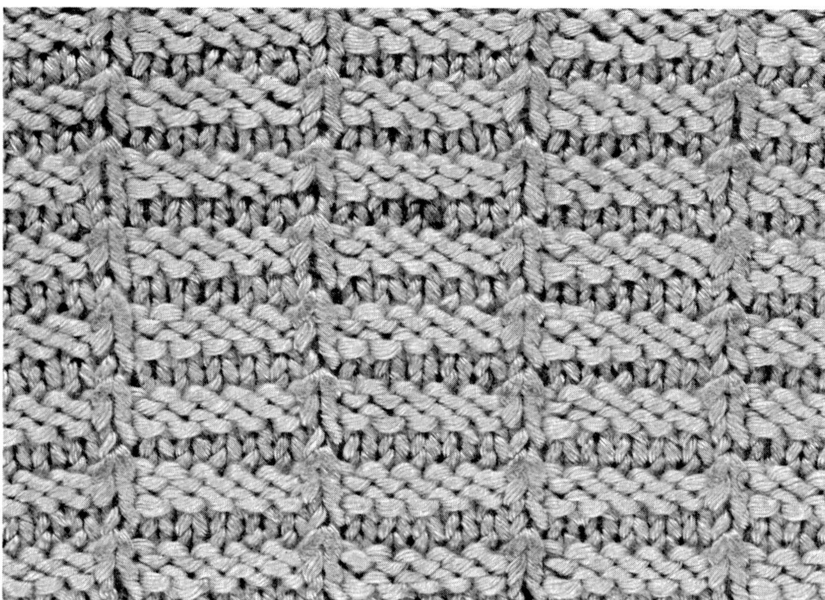

Seitengleicher Würfelmodel

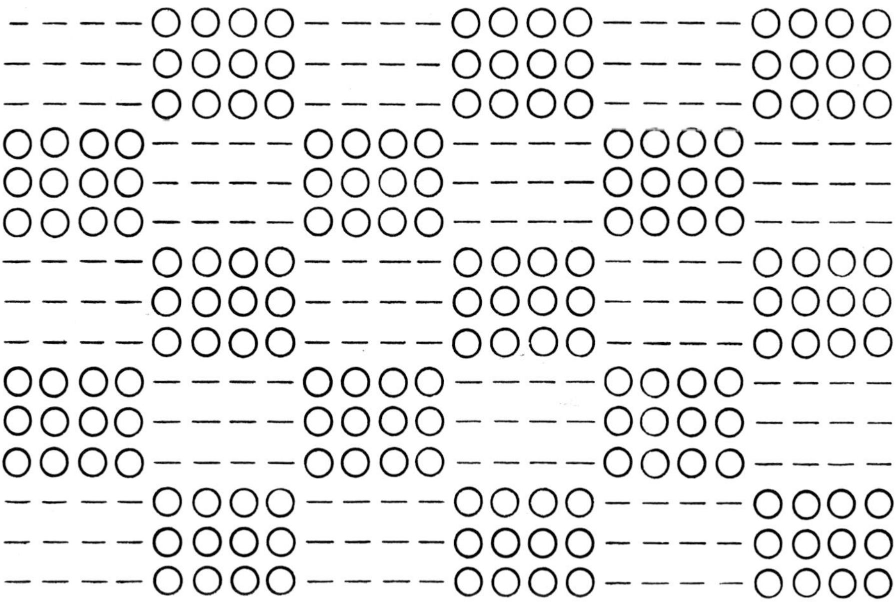

Seitengleich = Die Vorder- und Rückseite der Strickarbeit sieht gleich aus.

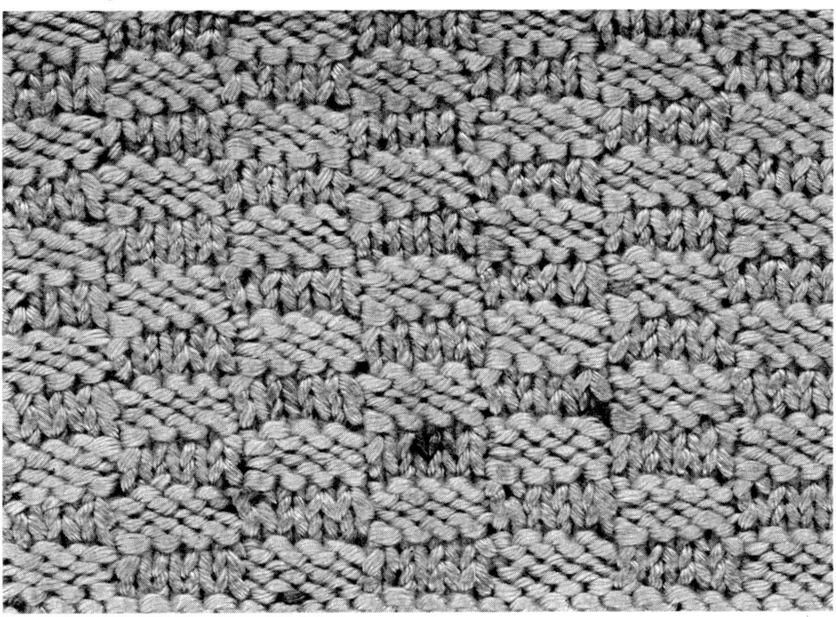

Bleamerl

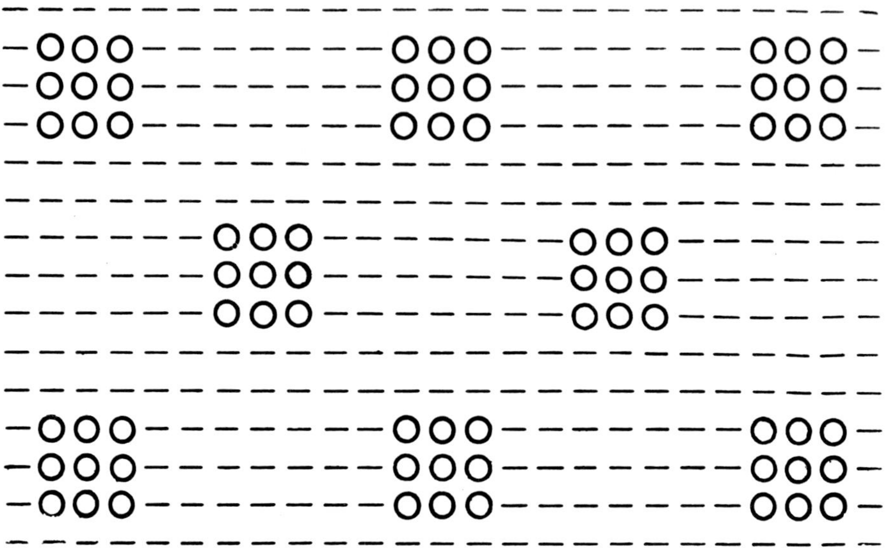

Bleamerl = Blümchen oder Blümerl.

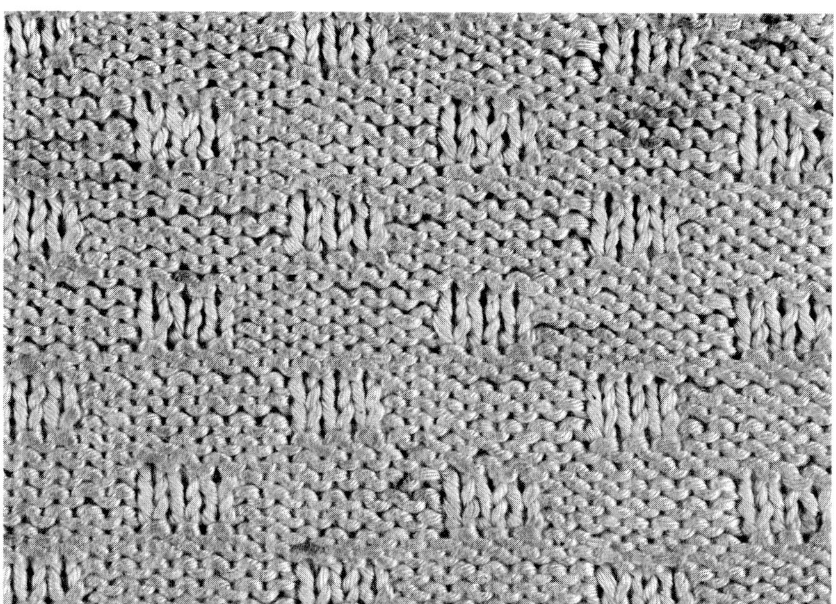

Bleamerl im verkehrten Grund

— — — — — — — — — — — — — — — — — — O — — —

— — O O O — — — — — O O — — — — — O O O — —

— O O O O O — — — O O O O — — — O O O O O —

O O O O O O O — — O O O O — — O O O O O O O

— O O O O O — — — O O O O — — — O O O O O —

— — O O O — — — — — O O — — — — — O O O — —

— — — — — — — — — — — — — — — — — — O — — —

— — — O — — — — — — O O — — — — — — — — — —

— — — O — — — — — O O O O — — — — — — — — —

— — O O O — — — O O — — O O — — O O O O O —

— — O O O — — — O O — — O O — — — O O O — —

— — O O O — — — O O — — O O — — — — O — — —

— — O O O — — — — O O O O — — — — — — — — —

— — — O — — — — — — O O — — — — — — — — — —

— — — O — *In gleichen Abständen versetzen!*

Die Mustertafel zeigt 6 verschiedene Blümchenmuster, die wir beliebig miteinander verbinden oder auch einzeln stricken können.

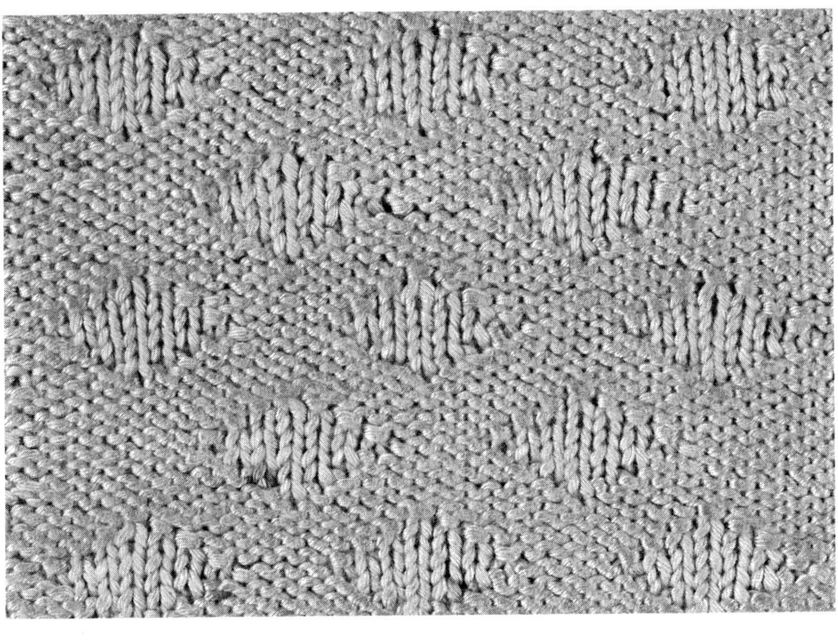

Streublümchen

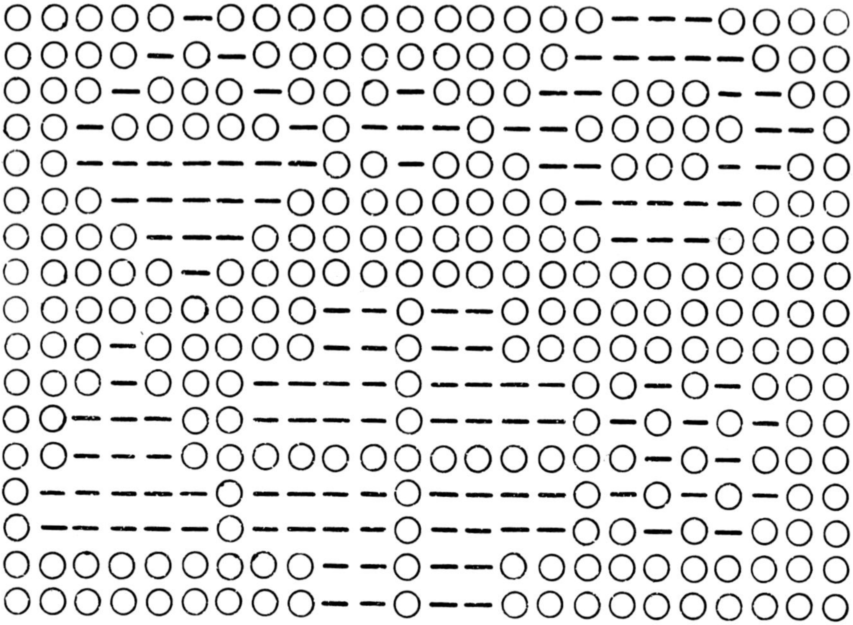

Die Mustertafel zeigt 6 verschiedene Blümchenmuster, die wir beliebig miteinander verbinden oder auch einzeln stricken können.

Ein Streifenmodel für Kinderkleidchen

– – ○ ○ ○ ○ – – ○ ○ ○ ○ – – ○ ○ ○ ○
– – – ○ ○ ○ – – – ○ ○ ○ – – – ○ ○ ○
– – – – ○ ○ – – – – ○ ○ – – – – ○ ○
– – – – – ○ – – – – – ○ – – – – – ○
– – – – ○ ○ – – – – ○ ○ – – – – ○ ○
– – – ○ ○ ○ – – – ○ ○ ○ – – – ○ ○ ○
– – ○ ○ ○ ○ – – ○ ○ ○ ○ – – ○ ○ ○ ○
– ○ ○ ○ ○ ○ – ○ ○ ○ ○ ○ – ○ ○ ○ ○ ○
– – ○ ○ ○ ○ – – ○ ○ ○ ○ – – ○ ○ ○ ○
– – – ○ ○ ○ – – – ○ ○ ○ – – – ○ ○ ○
– – – – ○ ○ – – – – ○ ○ – – – – ○ ○
– – – – – ○ – – – – – ○ – – – – – ○
– – – – ○ ○ – – – – ○ ○ – – – – ○ ○
– – – ○ ○ ○ – – – ○ ○ ○ – – – ○ ○ ○
– – ○ ○ ○ ○ – – ○ ○ ○ ○ – – ○ ○ ○ ○
– ○ ○ ○ ○ ○ – ○ ○ ○ ○ ○ – ○ ○ ○ ○ ○

Fältet sich von selbst. Ist seitengleich.

Der Messerspitzmodel

Ein verbreiteter Strumpfmodel

```
○○○○○○○–○○○○○○○–○○○○○○○–
○○○○○○––○○○○○○––○○○○○○––
○○○○○–––○○○○○–––○○○○○–––
○○○○––––○○○○––––○○○○––––
○○○–––––○○○–––––○○○–––––
○○––––––○○––––––○○––––––
○–––––––○–––––––○–––––––
○○○○○○○–○○○○○○○–○○○○○○○–
○○○○○○––○○○○○○––○○○○○○––
○○○○○–––○○○○○–––○○○○○–––
○○○○––––○○○○––––○○○○––––
○○○–––––○○○–––––○○○–––––
○○––––––○○––––––○○––––––
○–––––––○–––––––○–––––––
```

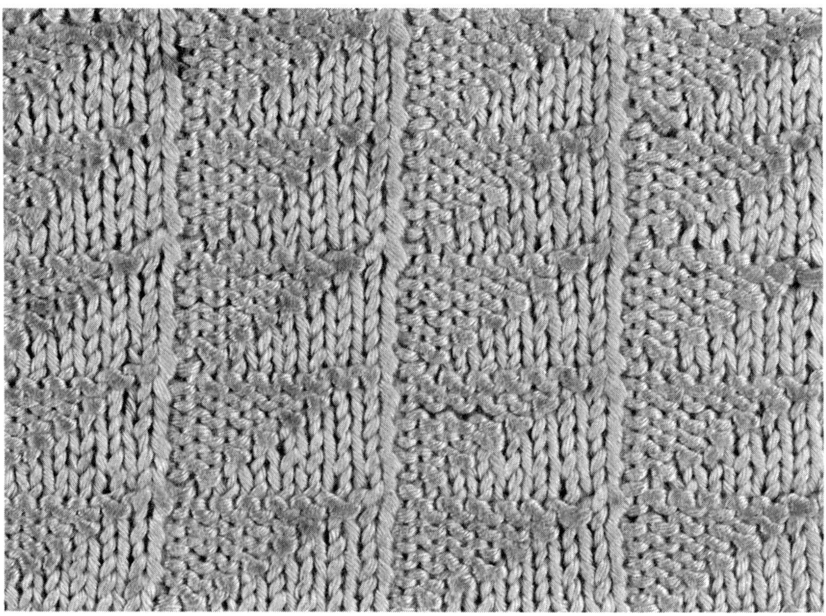

Seitengleiches Schiefeckerl

○ ○ ○ ○ – ○ ○ ○ ○ – ○ ○ ○ ○ – ○ ○ ○ ○ –

– ○ ○ ○ ○ – ○ ○ ○ ○ – ○ ○ ○ ○ – ○ ○ ○ ○

– – ○ ○ ○ – – ○ ○ ○ – – ○ ○ ○ – – ○ ○ ○

– – – ○ ○ – – – ○ ○ – – – ○ ○ – – – ○ ○

– – – – ○ – – – – ○ – – – – ○ – – – – ○

○ – – – – ○ – – – – ○ – – – – ○ – – – –

○ ○ – – – ○ ○ – – – ○ ○ – – – ○ ○ – – –

○ ○ ○ – – ○ ○ ○ – – ○ ○ ○ – – ○ ○ ○ – –

○ ○ ○ ○ – ○ ○ ○ ○ – ○ ○ ○ ○ – ○ ○ ○ ○ –

– ○ ○ ○ ○ – ○ ○ ○ ○ – ○ ○ ○ ○ – ○ ○ ○ ○

– – ○ ○ ○ – – ○ ○ ○ – – ○ ○ ○ – – ○ ○ ○

– – – ○ ○ – – – ○ ○ – – – ○ ○ – – – ○ ○

– – – – ○ – – – – ○ – – – – ○ – – – – ○

○ – – – – ○ – – – – ○ – – – – ○ – – – –

○ ○ – – – ○ ○ – – – ○ ○ – – – ○ ○ – – –

○ ○ ○ – – ○ ○ ○ – – ○ ○ ○ – – ○ ○ ○ – –

○ ○ ○ ○ – ○ ○ ○ ○ – ○ ○ ○ ○ – ○ ○ ○ ○ –

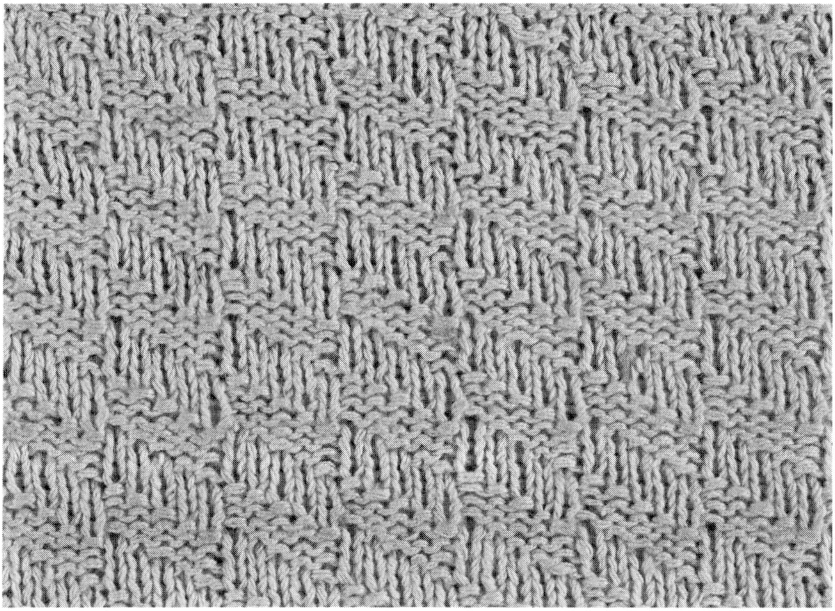

Kästchen für Männerstrümpfe

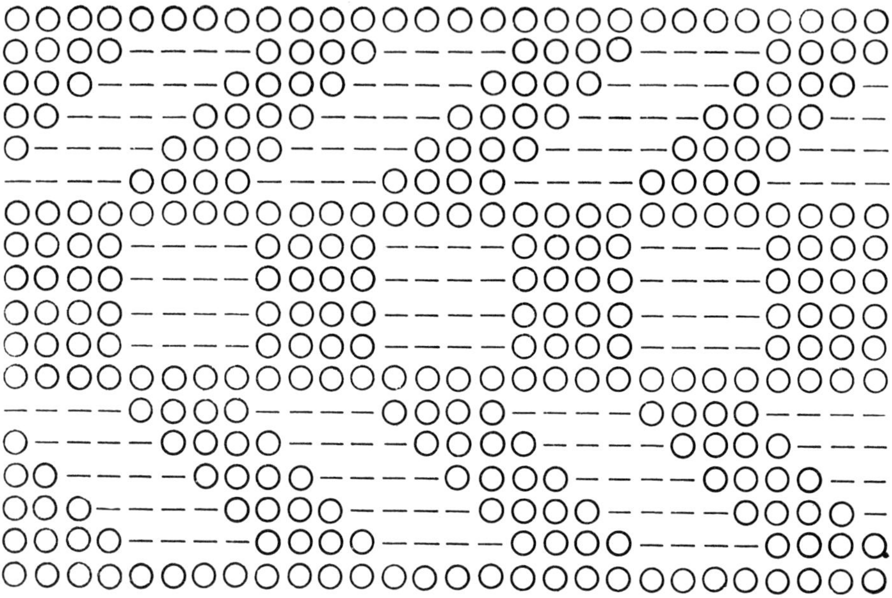

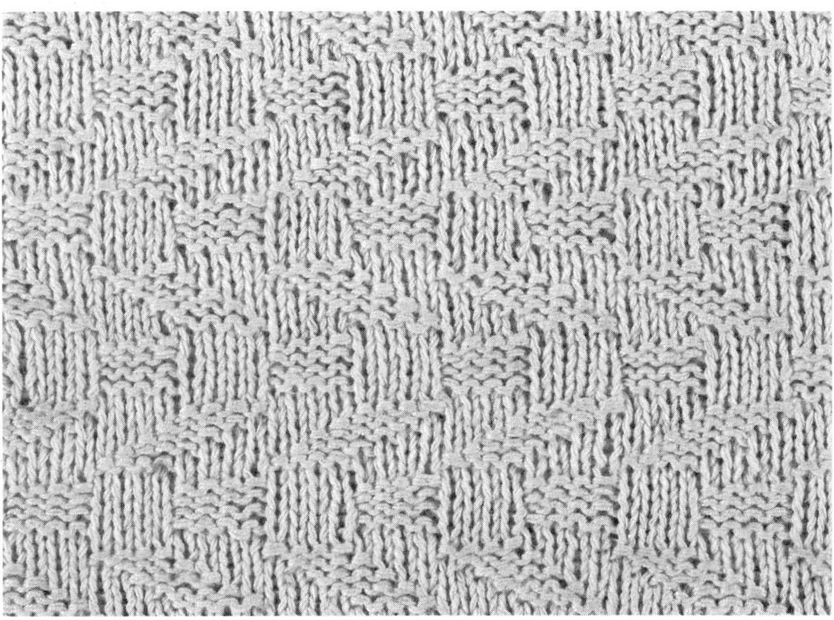

Das Windradl

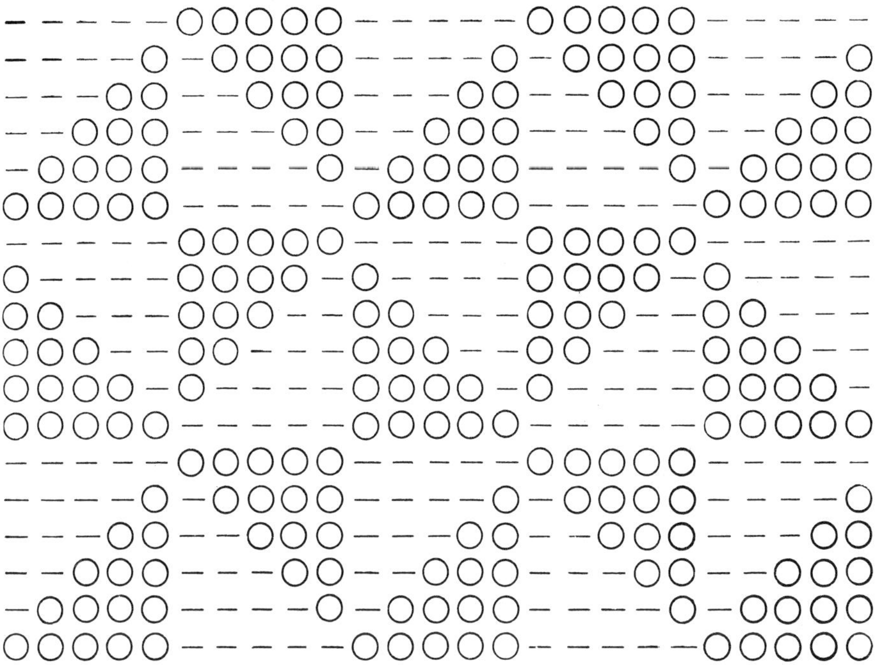

Das Windradl oder Windrad wirkt sehr gut zweifarbig gestrickt. Beim Zweifarbenstricken nur rechte Maschen nehmen.

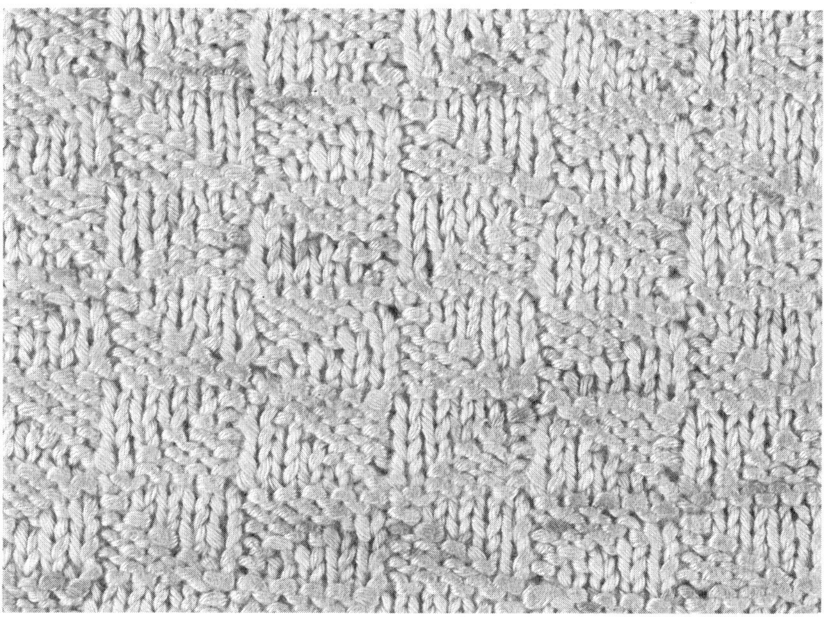

Kasterl im Rahmen (Jankermodel)

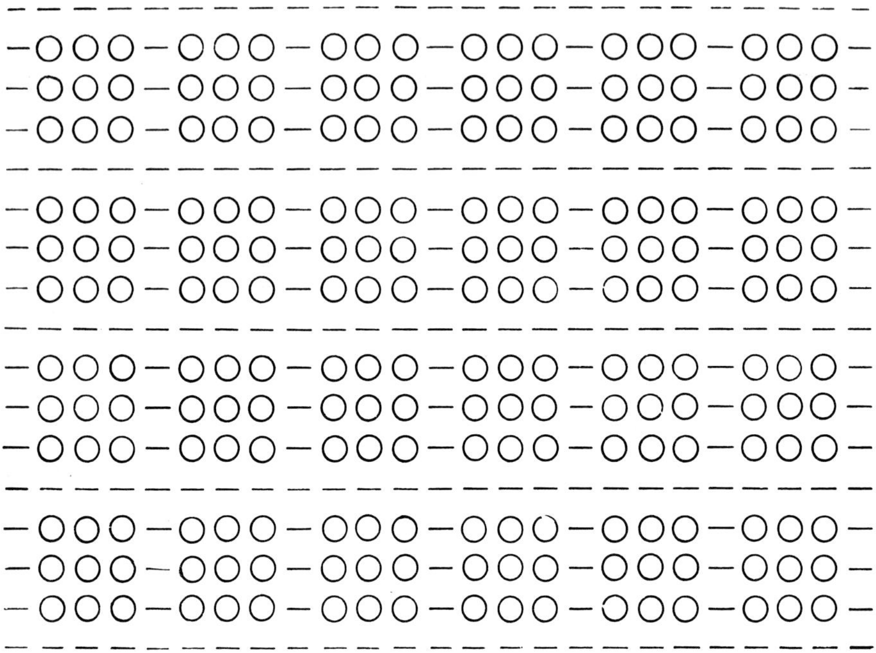

Kasterl oder Kästchen im Rahmen ergibt ein schönes Muster für Westen, Jacken u. ä.

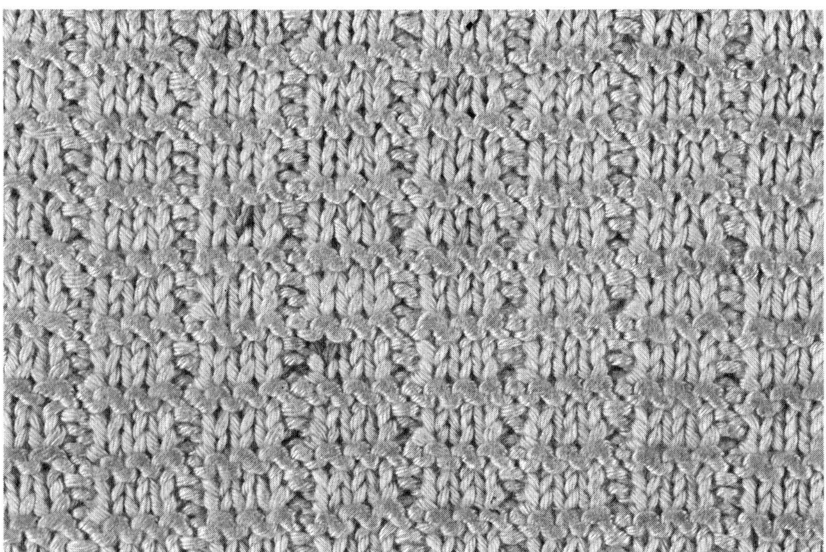

Versetzte Würfel

```
O – – – – O – – – – O – – – – O – – – – O
O – – – – O – – – – O – – – – O – – – – O
O – – – – O – – – – O – – – – O – – – – O
O – – – – O – – – – O – – – – O – – – – O
– O O O O – O O O O – O O O O – O O O O –
– O O O O – O O O O – O O O O – O O O O –
– O O O O – O O O O – O O O O – O O O O –
– O O O O – O O O O – O O O O – O O O O –
O – – – – O – – – – O – – – – O – – – – O
O – – – – O – – – – O – – – – O – – – – O
O – – – – O – – – – O – – – – O – – – – O
O – – – – O – – – – O – – – – O – – – – O
```

Muster kann beliebig vergrößert oder verkleinert werden.

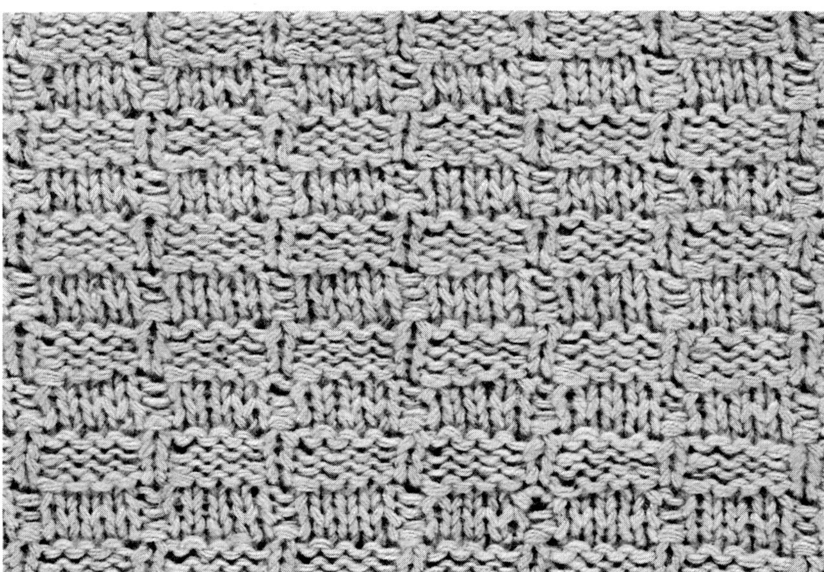

Stiagn-Staffel 1. Art

In Westen gegenständig zu stricken

— — 8 8 8 8 — — — — 8 8 8 8 — — — — 8 8 8 8 — —
— — 8 8 8 8 — — — — 8 8 8 8 — — — — 8 8 8 8 — —
— — — 8 8 8 8 — — — — 8 8 8 8 — — — — 8 8 8 8 —
— — — 8 8 8 8 — — — — 8 8 8 8 — — — — 8 8 8 8 —
— — — — 8 8 8 8 — — — — 8 8 8 8 — — — — 8 8 8 8
— — — — 8 8 8 8 — — — — 8 8 8 8 — — — — 8 8 8 8
8 — — — — 8 8 8 8 — — — — 8 8 8 8 — — — — 8 8 8
8 — — — — 8 8 8 8 — — — — 8 8 8 8 — — — — 8 8 8
8 8 — — — — 8 8 8 8 — — — — 8 8 8 8 — — — — 8 8
8 8 — — — — 8 8 8 8 — — — — 8 8 8 8 — — — — 8 8
8 8 8 — — — — 8 8 8 8 — — — — 8 8 8 8 — — — — 8
8 8 8 — — — — 8 8 8 8 — — — — 8 8 8 8 — — — — 8
8 8 8 8 — — — — 8 8 8 8 — — — — 8 8 8 8 — — — —
8 8 8 8 — — — — 8 8 8 8 — — — — 8 8 8 8 — — — —
— 8 8 8 8 — — — — 8 8 8 8 — — — — 8 8 8 8 — — —
— 8 8 8 8 — — — — 8 8 8 8 — — — — 8 8 8 8 — — —

Stiagn-Staffel = Stiegen- oder Treppenstufe

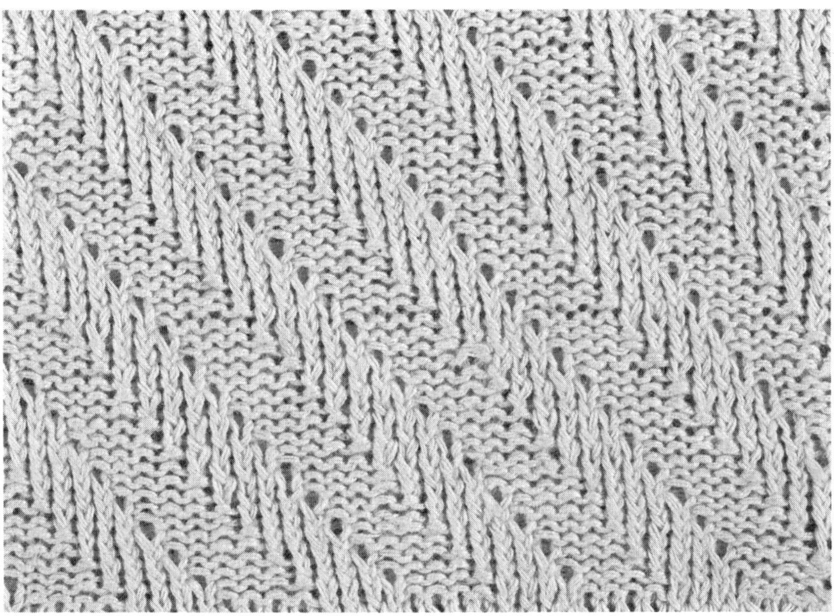

Stiagn-Staffel 2. Art

O 8 — 8 — — — — O O O 8 — 8 — — — — O O

O 8 — 8 — — — — O O O 8 — 8 — — — — O O

O O 8 — 8 — — — — O O O 8 — 8 — — — — O

O O 8 — 8 — — — — O O O 8 — 8 — — — — O

O O O 8 — 8 — — — — O O O 8 — 8 — — — —

O O O 8 — 8 — — — — O O O 8 — 8 — — — —

— O O O 8 — 8 — — — — O O O 8 — 8 — —

— O O O 8 — 8 — — — — O O O 8 — 8 — —

— — O O O 8 — 8 — — — — O O O 8 — 8 —

— — O O O 8 — 8 — — — — O O O 8 — 8 —

— — — O O O 8 — 8 — — — — O O O 8 — 8

— — — O O O 8 — 8 — — — — O O O 8 — 8

Stiagn-Staffel oder Stufe. Durch die verdrehten Maschen wird das Muster plastisch hervorgehoben.

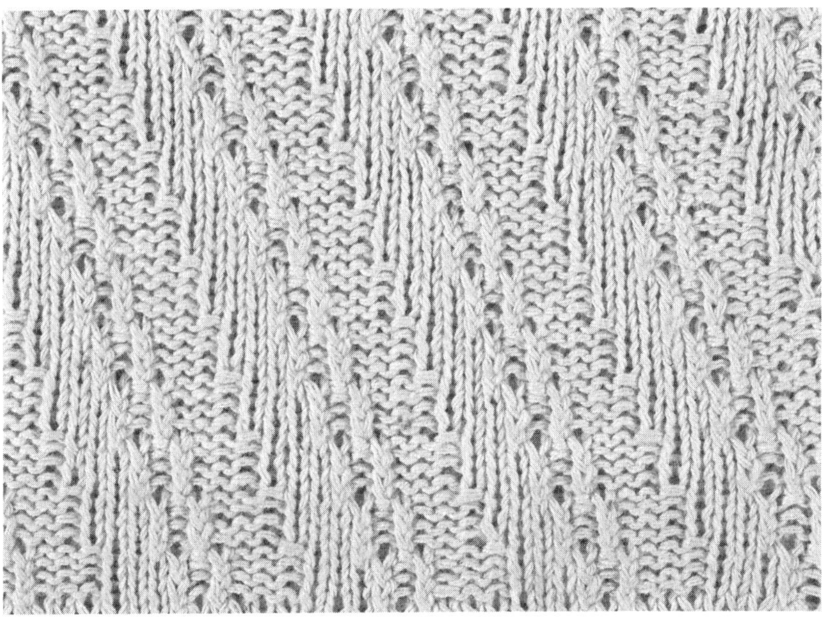

Stiagn-Staffel 3. Art

```
– – ○ ○ ○ ○ – – – – ○ ○ ○ ○ – – – – ○ ○ ○ ○ – –
– – ○ ○ ○ ○ – – – – ○ ○ ○ ○ – – – – ○ ○ ○ ○ – –
– – ○ ○ ○ ○ – – – – ○ ○ ○ ○ – – – – ○ ○ ○ ○ – –
– – ○ ○ ○ ○ – – – – ○ ○ ○ ○ – – – – ○ ○ ○ ○ – –
– – – – ○ ○ ○ ○ – – – – ○ ○ ○ ○ – – – – ○ ○ ○ ○
– – – – ○ ○ ○ ○ – – – – ○ ○ ○ ○ – – – – ○ ○ ○ ○
– – – – ○ ○ ○ ○ – – – – ○ ○ ○ ○ – – – – ○ ○ ○ ○
– – – – ○ ○ ○ ○ – – – – ○ ○ ○ ○ – – – – ○ ○ ○ ○
○ ○ – – – – ○ ○ ○ ○ – – – – ○ ○ ○ ○ – – – – ○ ○
○ ○ – – – – ○ ○ ○ ○ – – – – ○ ○ ○ ○ – – – – ○ ○
○ ○ – – – – ○ ○ ○ ○ – – – – ○ ○ ○ ○ – – – – ○ ○
○ ○ – – – – ○ ○ ○ ○ – – – – ○ ○ ○ ○ – – – – ○ ○
○ ○ ○ ○ – – – – ○ ○ ○ ○ – – – – ○ ○ ○ ○ – – – –
○ ○ ○ ○ – – – – ○ ○ ○ ○ – – – – ○ ○ ○ ○ – – – –
○ ○ ○ ○ – – – – ○ ○ ○ ○ – – – – ○ ○ ○ ○ – – – –
○ ○ ○ ○ – – – – ○ ○ ○ ○ – – – – ○ ○ ○ ○ – – – –
```

Stiagn-Staffel oder Stufe. Muster kann vergrößert oder verkleinert werden.

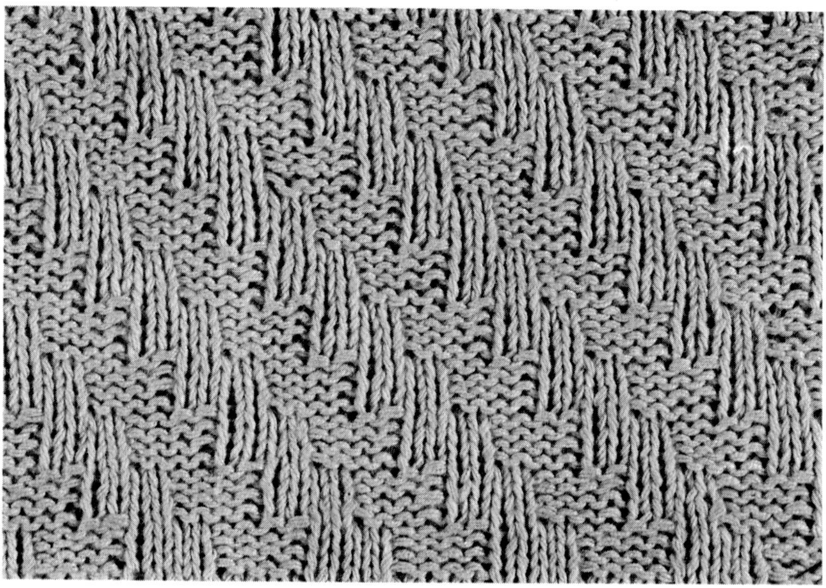

Die Stiage

– – – ○ ○ ○ – – – ○ ○ ○ – – – ○ ○ ○ – – – ○
○ – – – ○ ○ ○ – – – ○ ○ ○ – – – ○ ○ ○ – – –
○ ○ – – – ○ ○ ○ – – – ○ ○ ○ – – – ○ ○ ○ – –
○ ○ ○ – – – ○ ○ ○ – – – ○ ○ ○ – – – ○ ○ ○ –
– ○ ○ ○ – – – ○ ○ ○ – – – ○ ○ ○ – – – ○ ○ ○
– – ○ ○ ○ – – – ○ ○ ○ – – – ○ ○ ○ – – – ○ ○
– – – ○ ○ ○ – – – ○ ○ ○ – – – ○ ○ ○ – – – ○
○ – – – ○ ○ ○ – – – ○ ○ ○ – – – ○ ○ ○ – – –
○ ○ – – – ○ ○ ○ – – – ○ ○ ○ – – – ○ ○ ○ – –
○ ○ ○ – – – ○ ○ ○ – – – ○ ○ ○ – – – ○ ○ ○ –
– ○ ○ ○ – – – ○ ○ ○ – – – ○ ○ ○ – – – ○ ○ ○
– – ○ ○ ○ – – – ○ ○ ○ – – – ○ ○ ○ – – – ○ ○
– – – ○ ○ ○ – – – ○ ○ ○ – – – ○ ○ ○ – – – ○
○ – – – ○ ○ ○ – – – ○ ○ ○ – – – ○ ○ ○ – – –
○ ○ – – – ○ ○ ○ – – – ○ ○ ○ – – – ○ ○ ○ – –

Stiage oder Treppe = Stiege

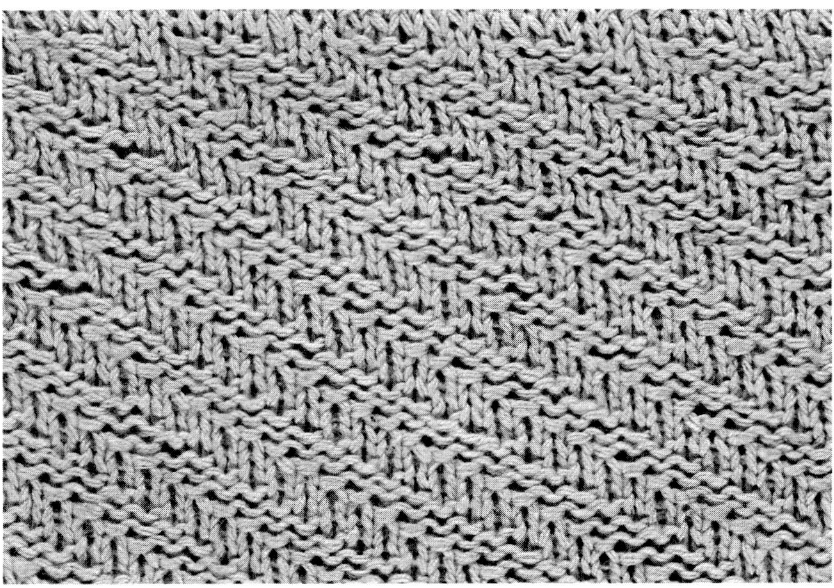

Winkel im Eck

```
O O O O O O O – O O O O O O O – O O O O O O O –
O O O O O O – – O O O O O O – – O O O O O O – –
O O O O O – – – O O O O O – – – O O O O O – – –
O O O O – – – – O O O O – – – – O O O O – – – –
O O O – – – – – O O O – – – – – O O O – – – – –
O O – – – – – – O O – – – – – – O O – – – – – –
O – – – – – – – O – – – – – – – O – – – – – – –
– O O O O O O O – O O O O O O O – O O O O O O O
– – O O O O O O – – O O O O O O – – O O O O O O
– – – O O O O O – – – O O O O O – – – O O O O O
– – – – O O O O – – – – O O O O – – – – O O O O
– – – – – O O O – – – – – O O O – – – – – O O O
– – – – – – O O – – – – – – O O – – – – – – O O
– – – – – – – O – – – – – – – O – – – – – – – O
```

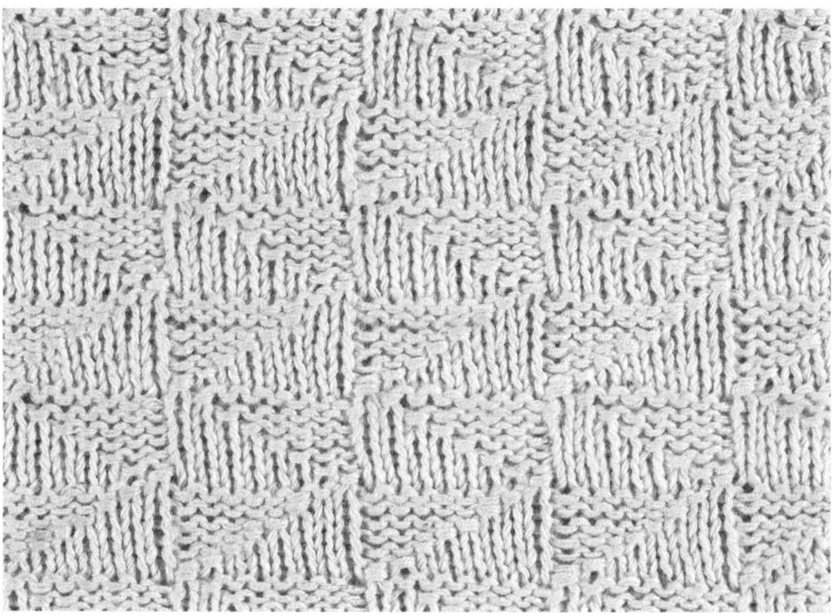

Das Bienenkörbel

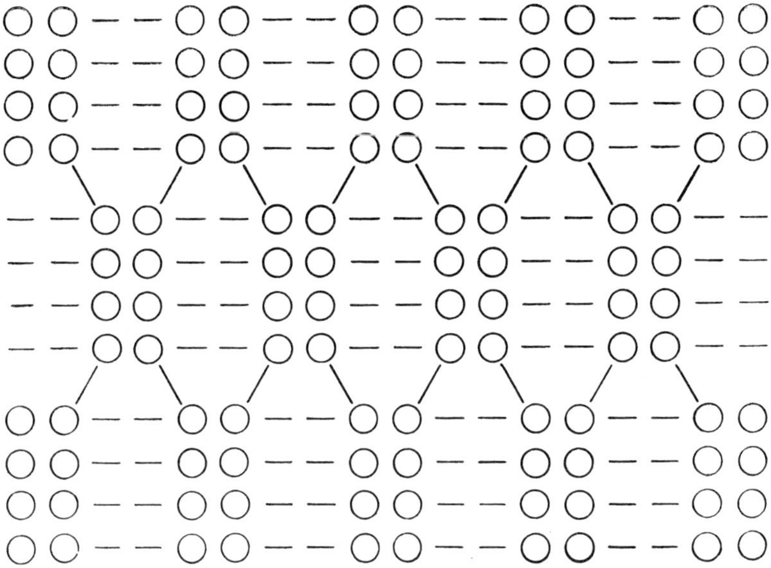

Das Bienenkörbel aus dem Jahre 1827.

In der 5. Reihe wie folgt stricken: (1. Rechtsmasche ist Randmasche), 2. Rechtsmasche auf Hilfsnadel abheben (nicht stricken), folgende Linksmasche stricken, abgehobene Rechtsm. stricken.
Nächste Linksm. a. Hilfsn. nach hinten (nicht stricken), Rechtsmasche stricken, dann abgehobene Linksmasche stricken usw.

Der Zapfenmodel

```
– – – – – – – – – – – – – – – – – – – –
– – – – – – – – – – – – – – – – – – – –
○ ○ ○ – – ○ ○ ○ ○ – – ○ ○ ○ ○ – – ○ ○ ○
○ ○ ○ – – ○ ○ ○ ○ – – ○ ○ ○ ○ – – ○ ○ ○
○ ○ ○ – – ○ ○ ○ ○ – – ○ ○ ○ ○ – – ○ ○ ○
○ ○ ○ – – ○ ○ ○ ○ – – ○ ○ ○ ○ – – ○ ○ ○
○ ○ – – – – ○ ○ – – – – ○ ○ – – – – ○ ○
○ ○ – – – – ○ ○ – – – – ○ ○ – – – – ○ ○
○ ○ – – – – ○ ○ – – – – ○ ○ – – – – ○ ○
○ ○ – – – – ○ ○ – – – – ○ ○ – – – – ○ ○
– – – – – – – – – – – – – – – – – – – –
– – – – – – – – – – – – – – – – – – – –
– – ○ ○ ○ ○ – – ○ ○ ○ ○ – – ○ ○ ○ ○ – –
– – ○ ○ ○ ○ – – ○ ○ ○ ○ – – ○ ○ ○ ○ – –
– – ○ ○ ○ ○ – – ○ ○ ○ ○ – – ○ ○ ○ ○ – –
– – ○ ○ ○ ○ – – ○ ○ ○ ○ – – ○ ○ ○ ○ – –
– – – ○ ○ – – – – ○ ○ – – – – ○ ○ – – –
– – – ○ ○ – – – – ○ ○ – – – – ○ ○ – – –
– – – ○ ○ – – – – ○ ○ – – – – ○ ○ – – –
– – – ○ ○ – – – – ○ ○ – – – – ○ ○ – – –
– – – – – – – – – – – – – – – – – – – –
– – – – – – – – – – – – – – – – – – – –
```

Je nach Garnstärke kann man das Muster vergrößern oder verbreitern.

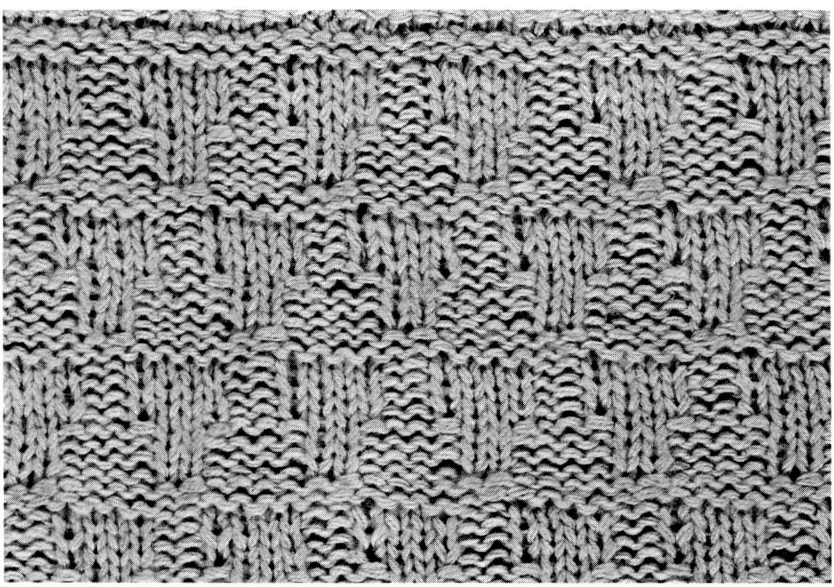

Doppel-Zickzack Westenmodel

– – O O – – O O – – O O – – O O – – O O – – O O

– – O O – – O O – – O O – – O O – – O O – – O O

– – O O – – O O – – O O – – O O – – O O – – O O

– – O O – – O O – – O O – – O O – – O O – – O O

– – – O O O O – – – – O O O O – – – – O O O O –

– – – O O O O – – – – O O O O – – – – O O O O –

– – – O O O O – – – – O O O O – – – – O O O O –

– – – O O O O – – – – O O O O – – – – O O O O –

O O – – O O – – O O – – O O – – O O – – O O – –

O O – – O O – – O O – – O O – – O O – – O O – –

O O – – O O – – O O – – O O – – O O – – O O – –

O O – – O O – – O O – – O O – – O O – – O O – –

O O O – – – – O O O O – – – – O O O O – – – – O

O O O – – – – O O O O – – – – O O O O – – – – O

O O O – – – – O O O O – – – – O O O O – – – – O

O O O – – – – O O O O – – – – O O O O – – – – O

– – O O – – O O – – O O – – O O – – O O – – O O

– – O O – – O O – – O O – – O O – – O O – – O O

– – O O – – O O – – O O – – O O – – O O – – O O

– – O O – – O O – – O O – – O O – – O O – – O O

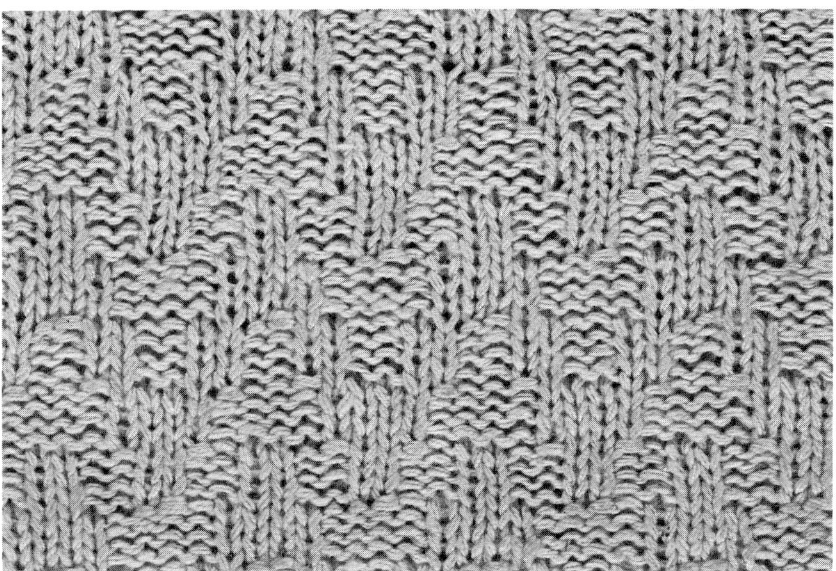

Blitzmodel und Mausperle (Kärntner Strumpfstreifen)

8	—	O	—	O	—	O	—	8	—	—	O	O	O	O	8	—	O	—	O	—	O	—	8
8	—	—	O	—	O	—	—	8	O	—	—	O	O	O	8	—	—	O	—	O	—	—	8
8	—	O	—	O	—	O	—	8	O	O	—	—	O	O	8	—	O	—	O	—	O	—	8
8	—	—	O	—	O	—	—	8	O	O	O	—	—	O	8	—	—	O	—	O	—	—	8
8	—	O	—	O	—	O	—	8	O	O	O	O	—	—	8	—	O	—	O	—	O	—	8
8	—	—	O	—	O	—	—	8	O	O	O	—	—	O	8	—	—	O	—	O	—	—	8
8	—	O	—	O	—	O	—	8	O	O	—	—	O	O	8	—	O	—	O	—	O	—	8
8	—	—	O	—	O	—	—	8	O	—	—	O	O	O	8	—	—	O	—	O	—	—	8
8	—	O	—	O	—	O	—	8	—	—	O	O	O	O	8	—	O	—	O	—	O	—	8
8	—	—	O	—	O	—	—	8	O	—	—	O	O	O	8	—	—	O	—	O	—	—	8
8	—	O	—	O	—	O	—	8	O	O	—	—	O	O	8	—	O	—	O	—	O	—	8
8	—	—	O	—	O	—	—	8	O	O	O	—	—	O	8	—	—	O	—	O	—	—	8
8	—	O	—	O	—	O	—	8	O	O	O	O	—	—	8	—	O	—	O	—	O	—	8
8	—	—	O	—	O	—	—	8	O	O	O	—	—	O	8	—	—	O	—	O	—	—	8
8	—	O	—	O	—	O	—	8	O	O	—	—	O	O	8	—	O	—	O	—	O	—	8
8	—	—	O	—	O	—	—	8	O	—	—	O	O	O	8	—	—	O	—	O	—	—	8
8	—	O	—	O	—	O	—	8	—	—	O	O	O	O	8	—	O	—	O	—	O	—	8

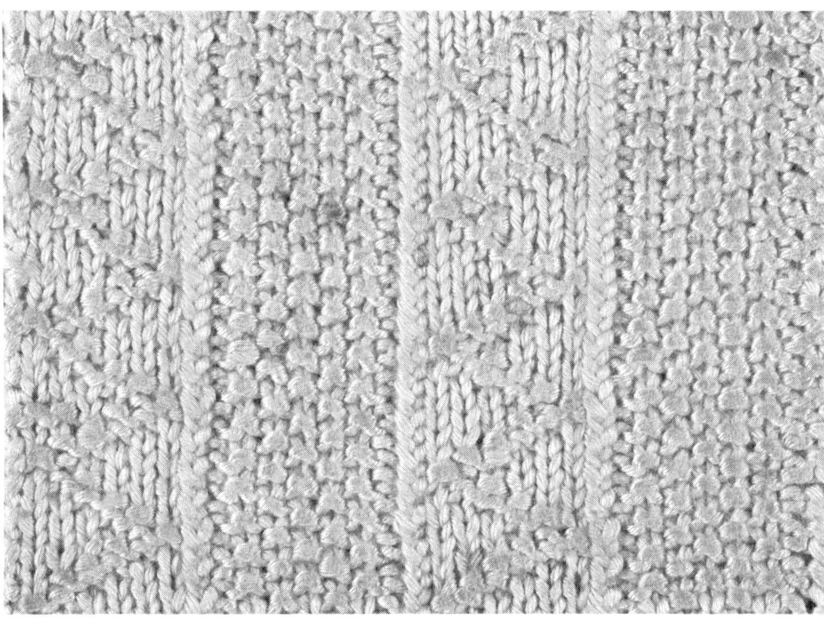

Alte Streifenmodel

8	8	8	—	8	—	8	—	8	8	8
8	8	8	—	8	—	8	—	8	8	8
8	8	8	—	8	—	8	—	8	8	8
8	8	—	8	—	8	—	8	—	8	8
8	8	—	8	—	8	—	8	—	8	8
8	8	—	8	—	8	—	8	—	8	8
8	8	8	—	8	—	8	—	8	8	8
8	8	8	—	8	—	8	—	8	8	8
8	8	8	—	8	—	8	—	8	8	8
8	8	—	8	—	8	—	8	—	8	8
8	8	—	8	—	8	—	8	—	8	8
8	8	—	8	—	8	—	8	—	8	8
8	8	8	—	8	—	8	—	8	8	8
8	8	8	—	8	—	8	—	8	8	8
8	8	8	—	8	—	8	—	8	8	8

○	○	—	○	○	○	○	○	○
○	○	—	—	○	○	○	○	○
○	○	—	—	—	○	○	○	○
○	○	—	—	—	—	○	○	○
○	○	—	—	—	—	—	○	○
○	○	○	—	—	—	—	○	○
○	○	○	○	—	—	—	○	○
○	○	○	○	○	—	—	○	○
○	○	○	○	○	○	—	○	○
○	○	○	○	○	—	○	○	○
○	○	○	○	—	○	○	○	○
○	○	○	—	○	○	○	○	○
○	○	—	○	○	○	○	○	○

Fotografie zeigt nur das rechte Muster.

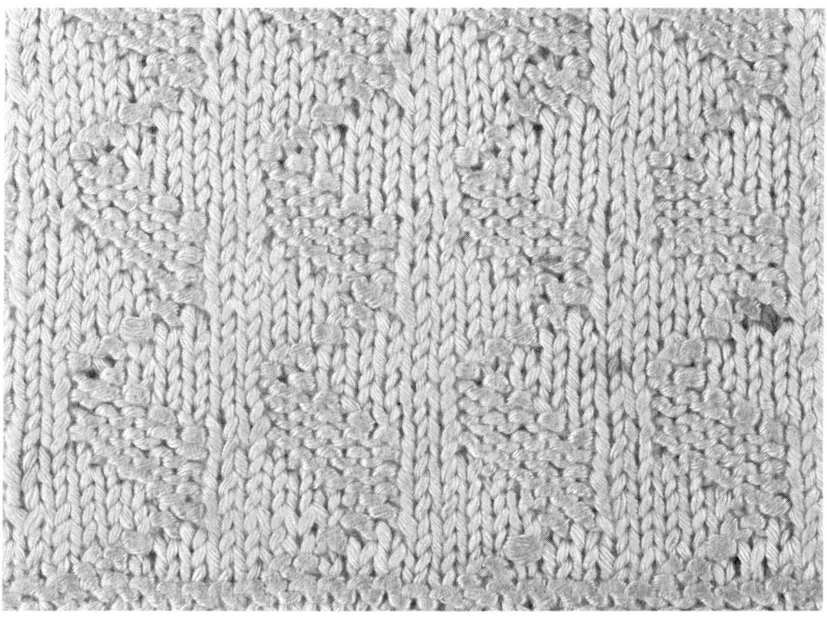

Das falsche Patentmuster

oder

in Kärnten:

Das Flözbirnriegele
Die Erdäpfelzeilen

```
OOO–OOO–OOO–
–O–––O–––O––
OOO–OOO–OOO–
–O–––O–––O––
OOO–OOO–OOO–
–O–––O–––O––
OOO–OOO–OOO–
–O–––O–––O––
OOO–OOO–OOO–
–O–––O–––O––
OOO–OOO–OOO–
–O–––O–––O––
```

in Steiermark:

Die Rippen

```
–OO––OO––OO–
––OO––OO––OO
–OO––OO––OO–
––OO––OO––OO
–OO––OO––OO–
––OO––OO––OO
–OO––OO––OO–
––OO––OO––OO
–OO––OO––OO–
––OO––OO––OO
–OO––OO––OO–
––OO––OO––OO
```

Die Rippen, sowie die Erdäpfelzeilen ergeben das gleiche Muster. Man kann beliebig das eine oder andere Muster stricken.

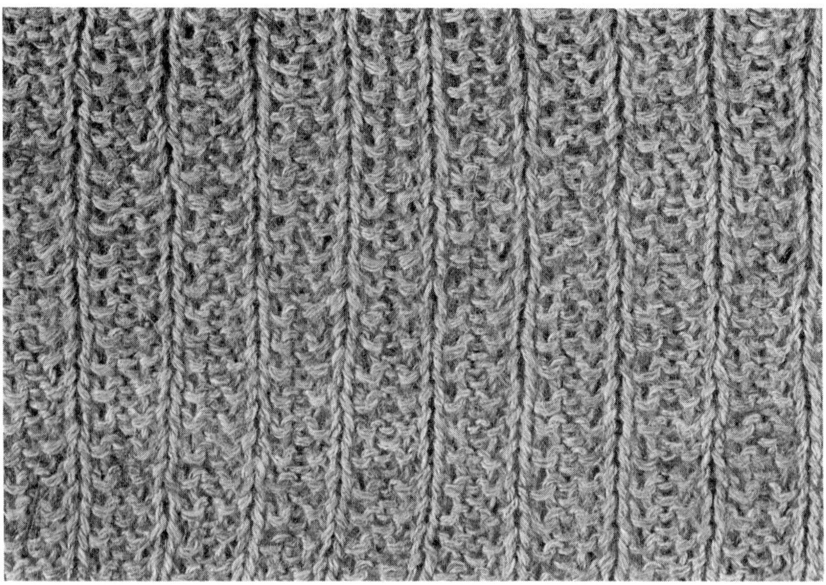

Alte Streifenmodel für Westen und Strümpfe

```
– O O – O O O – O O
– O – O O O O – O O
– O O – O O O – O O
– O O O – O O – O O
– O O O O – O – O O
– O O O – O O – O O
– O O – O O O – O O
– O – O O O O – O O
– O O – O O O – O O
– O O O – O O – O O
– O O O O – O – O O
– O O O – O O – O O
– O O – O O O – O O
– O – O O O O – O O
– O O – O O O – O O
```

```
8 8 O O O – – 8 8
8 8 O O O O – 8 8
8 8 O O O – O 8 8
8 8 O O – O O 8 8
8 8 O – O O O 8 8
8 8 – O O O O 8 8
8 8 – – O O O 8 8
8 8 – – – O O 8 8
8 8 – – – – O 8 8
8 8 – – – – – 8 8
8 8 O – – – – 8 8
8 8 O O – – – 8 8
8 8 O O O – – 8 8
8 8 O O O O – 8 8
8 8 O O O – O 8 8
```

Fotografie zeigt nur das linke Muster.

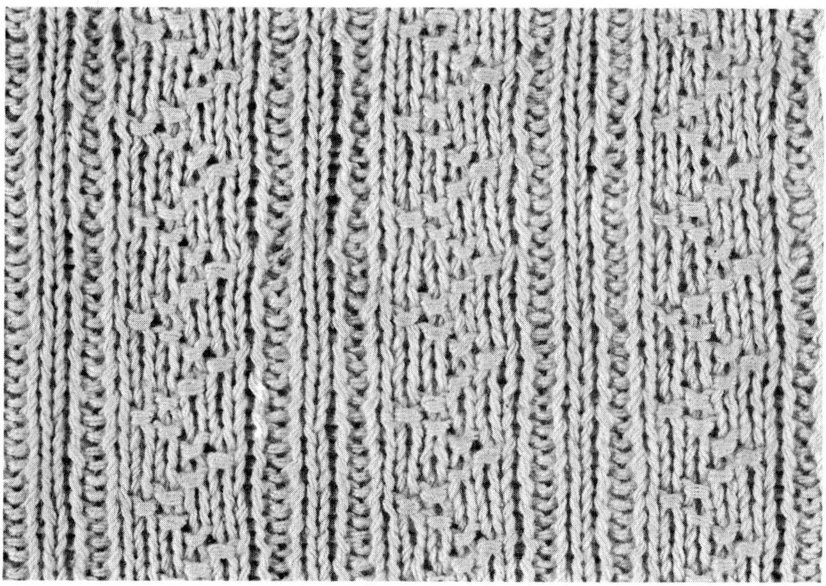

Ein alter Strumpfstreifen

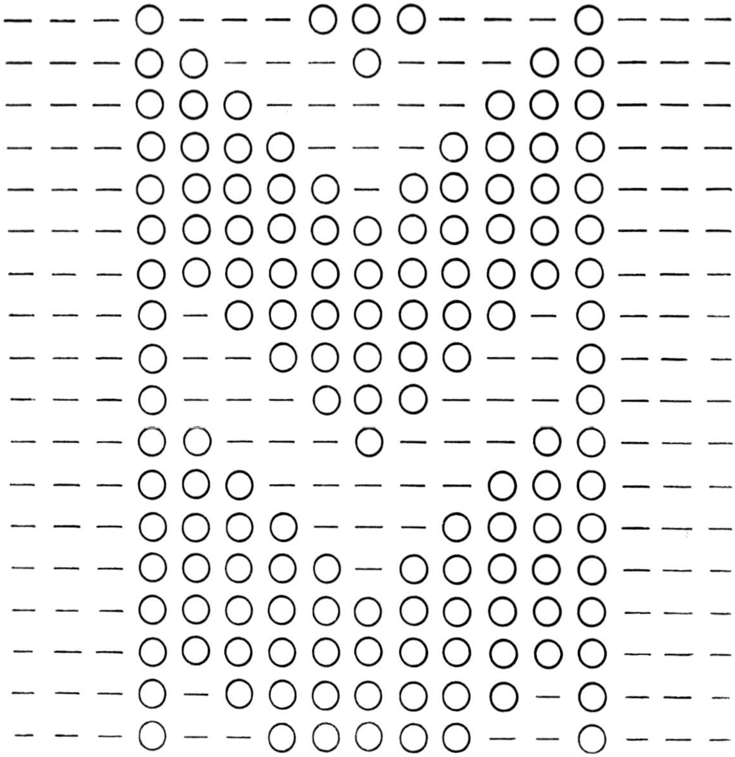

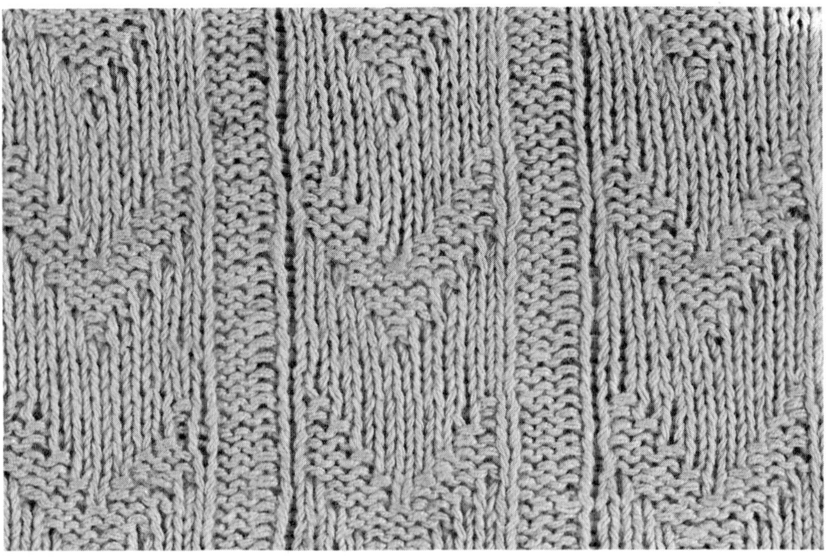

Volkstümliche Zwischenstreifen für Männerstrümpfe und Stutzen

Woazelkörndl oder Mausperle

O – O – O
– O – O –
O – O – O
– O – O –
O – O – O
– O – O –
O – O – O
– O – O –
O – O – O
– O – O –

Das Gasserl

8 – 8
8 – 8
8 – 8
8 – 8
8 – 8
– 8 –
– 8 –
– 8 –
– 8 –
– 8 –

Der kleine und der große Hasensprung

8 – O 8	8 – – 8
8 – O 8	8 – – 8
8 O – 8	8 O O 8
8 O – 8	8 O O 8
8 – O 8	8 – – 8
8 – O 8	8 – – 8
8 O – 8	8 O O 8
8 O – 8	8 O O 8
8 – O 8	8 – – 8
8 – O 8	8 – – 8

Die Zwischenstreifen können beliebig verbreitet werden.

Streifenmodel

```
OO------OOOO-OO------OOOO-
OO-----OOOO-OOO-----OOOO-O
OO----OOOOOO-OO----OOOOOO-
OO---OOO-OO-OOO---OOO-OO-O
OO--OOO--OOO-OO--OOO--OOO-
OO-OOO---OO-OOO-OOO---OO-O
OOOOO----OOO-OOOOO----OOO-
OOOO-----OO-OOOOO-----OO-O
OOO------OOO-OOO------OOO-
OO-------OO-OOO-------OO-O
OO------OOOO-OO------OOOO-
OO-----OOOO-OOO-----OOOO-O
OO----OOOOOO-OO----OOOOOO-
OO---OOO-OO-OOO---OOO-OO-O
OO--OOO--OOO-OO--OOO--OOO-
OO-OOO---OO-OOO-OOO---OO-O
OOOOO----OOO-OOOOO----OOO-
OOOO-----OO-OOOOO-----OO-O
OOO------OOO-OOO------OOO-
OO-------OO-OOO-------OO-O
```

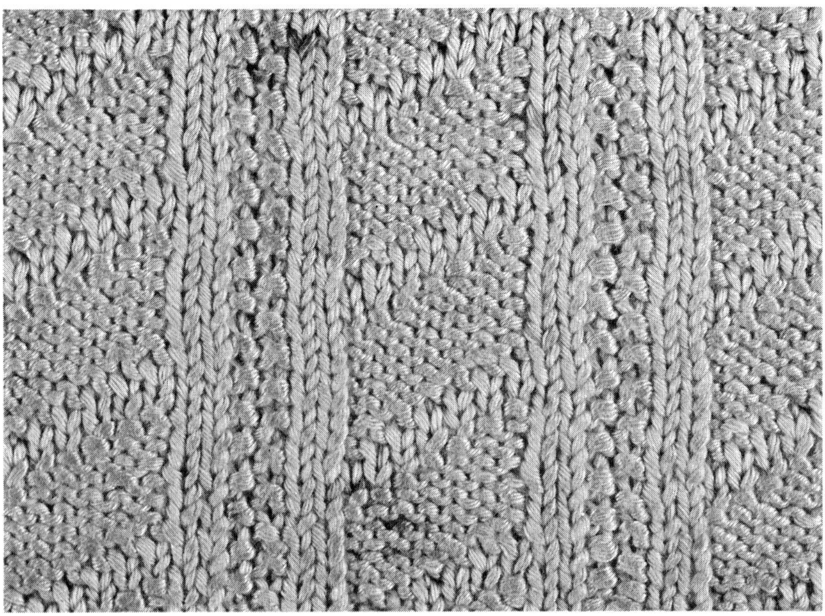

Die verdrehte Masche als Zierde

8	8	—	—	8	—	O	O	—	—	O	8	—	—	8	8
8	8	—	—	8	—	—	O	O	—	—	8	—	—	8	8
8	8	—	—	8	O	—	—	O	O	—	8	—	—	8	8
8	8	—	—	8	O	O	—	—	O	O	8	—	—	8	8
8	8	—	—	8	—	O	O	—	—	O	8	—	—	8	8
8	8	—	—	8	—	—	O	O	—	—	8	—	—	8	8
8	8	—	—	8	O	—	—	O	O	—	8	—	—	8	8
8	8	—	—	8	O	O	—	—	O	O	8	—	—	8	8
8	8	—	—	8	—	O	O	—	—	O	8	—	—	8	8
8	8	—	—	8	—	—	O	O	—	—	8	—	—	8	8
8	8	—	—	8	O	—	—	O	O	—	8	—	—	8	8
8	8	—	—	8	O	O	—	—	O	O	8	—	—	8	8
8	8	—	—	8	—	O	O	—	—	O	8	—	—	8	8
8	8	—	—	8	—	—	O	O	—	—	8	—	—	8	8
8	8	—	—	8	O	—	—	O	O	—	8	—	—	8	8
8	8	—	—	8	O	O	—	—	O	O	8	—	—	8	8
8	8	—	—	8	—	O	O	—	—	O	8	—	—	8	8
8	8	—	—	8	—	—	O	O	—	—	8	—	—	8	8
8	8	—	—	8	O	—	—	O	O	—	8	—	—	8	8

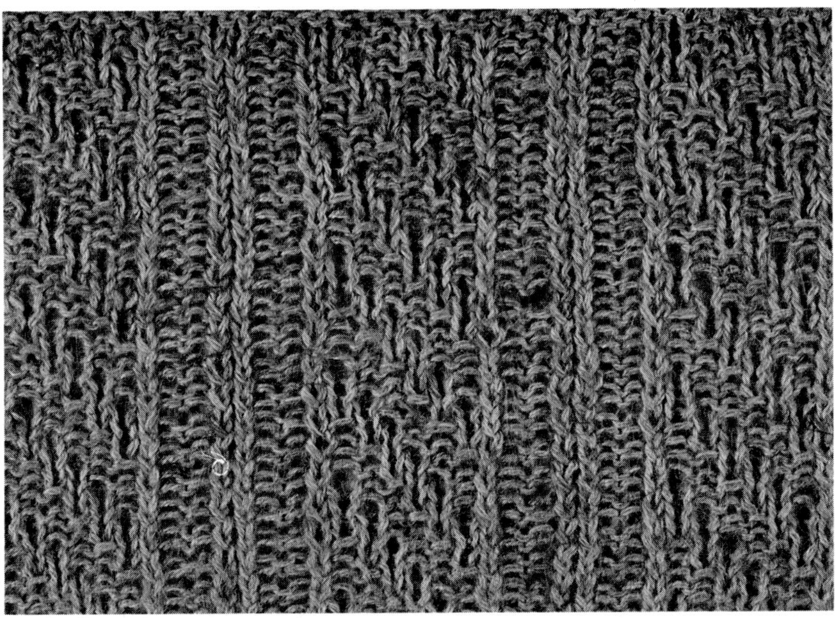

Handschuhmodel

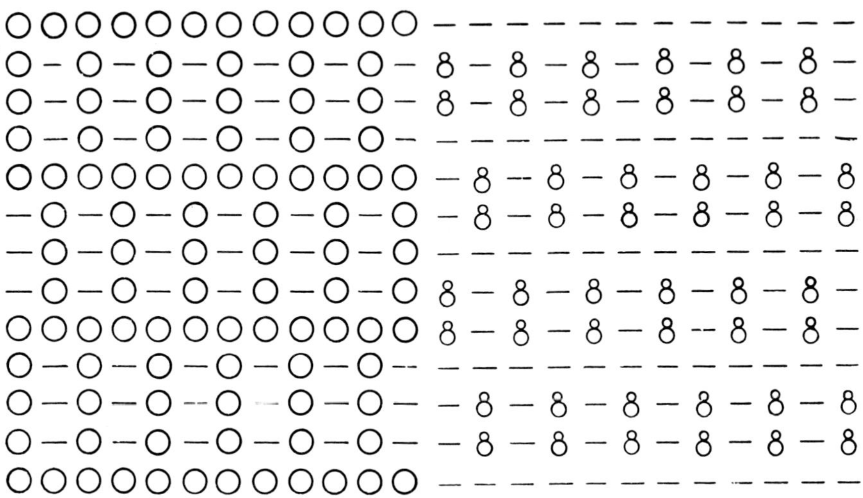

Obere Hälfte der Fotografie ist rechtes Muster.
Untere Hälfte der Fotografie ist linkes Muster.

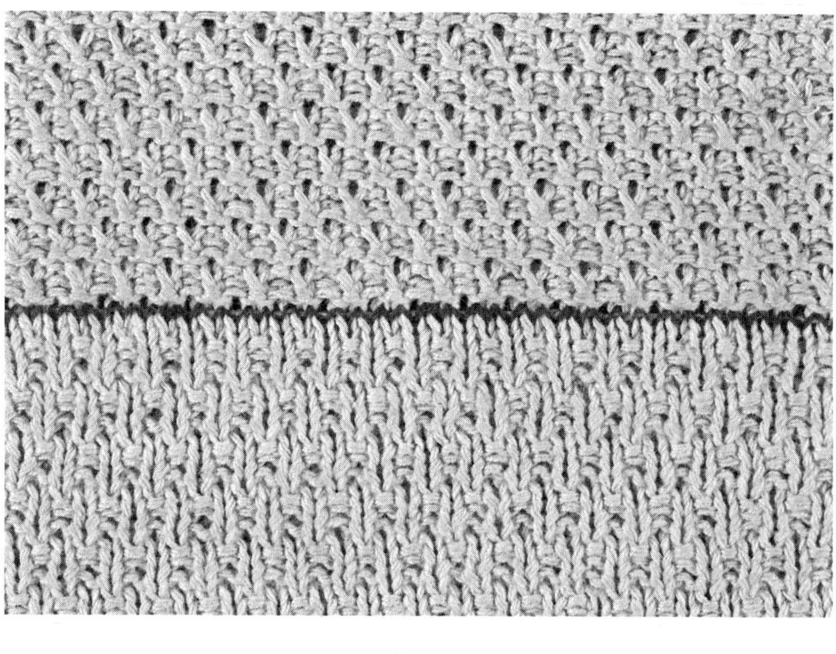

Ausseer Zugmaschenmodel

Die vergessene Liab

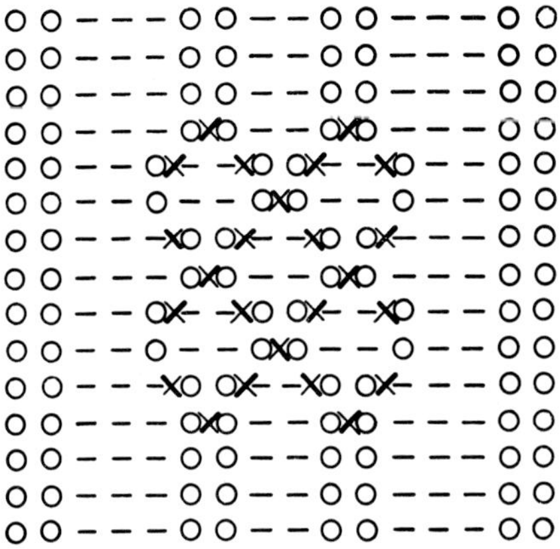

Die brennende Liab

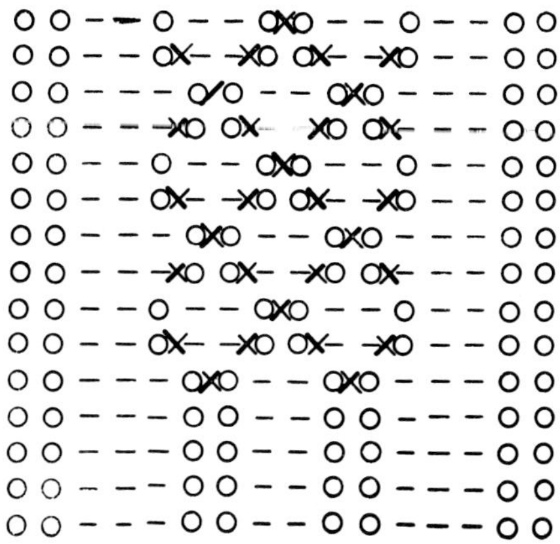

X nach links bzw. ✂ nach rechts drüberziehen. Die glatten Maschen müssen vorn bleiben
Fotografie zeigt nur die vergessene Liab (Liebe), die brennende Liab auf Seite 112.

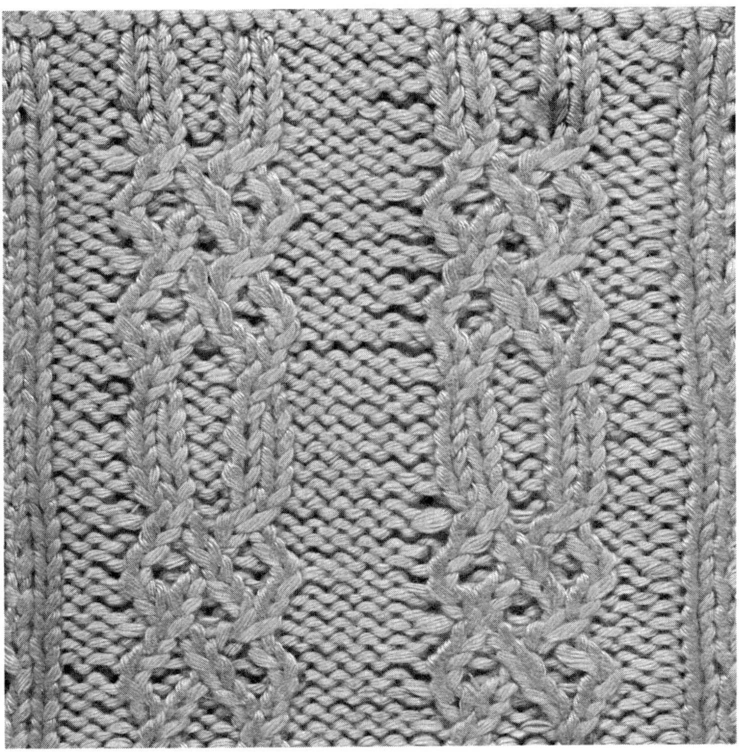

Alte Füllmodel

Haberkörndl

8 – 8 – 8 – 8 – 8 – 8
8 – 8 – 8 – 8 – 8 – 8
– 8 – 8 – 8 – 8 – 8 –
– 8 – 8 – 8 – 8 – 8 –
8 – 8 – 8 – 8 – 8 – 8
8 – 8 – 8 – 8 – 8 – 8
– 8 – 8 – 8 – 8 – 8 –
– 8 – 8 – 8 – 8 – 8 –

– 8 – – – 8 – – – 8 –
– 8 – – – 8 – – – 8 –
– 8 – – – 8 – – – 8 –
– – – 8 – – – 8 – – –
– – – 8 – – – 8 – – –
– – – 8 – – – 8 – – –

Woazkörndl

O – O – O – O – O
O – O – O – O – O
– O – O – O – O –
– O – O – O – O –
O – O – O – O – O
O – O – O – O – O
– O – O – O – O –
– O – O – O – O –

O – O – O – O – O
– O – O – O – O –
O – O – O – O – O
– O – O – O – O –
O – O – O – O – O
– O – O – O – O –

Haberkörndl = Haferkörnlein

Woazkörndl = Weizenkörnlein

Fotografie zeigt nur das Haferkörnlein.
Obere Hälfte der Fotografie ist oberes Muster links.
Untere Hälfte der Fotografie ist unteres Muster links.

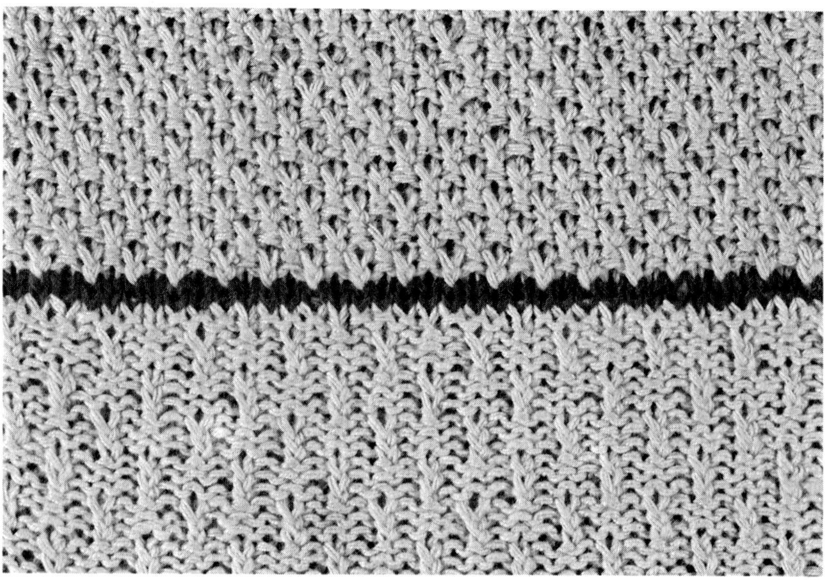

Zwei Füllmodel für Kindersachen

```
O O O O O O O O O O      O O O O O O O O O O
O – O – O – O – O –      – – O O – – O O – –
O O O O O O O O O O      O O O O O O O O O O
O – O – O – O – O –      O O – – O O – – O O
O O O O O O O O O O      O O O O O O O O O O
O – O – O – O – O –      – – O O – – O O – –
O O O O O O O O O O      O O O O O O O O O O
O – O – O – O – O –      O O – – O O – – O O
O O O O O O O O O O      O O O O O O O O O O
O – O – O – O – O –      – – O O – – O O – –
O O O O O O O O O O      O O O O O O O O O O
O – O – O – O – O –      O O – – O O – – O O
O O O O O O O O O O      O O O O O O O O O O
```

Die Fotografie zeigt in der oberen Hälfte das linke und in der unteren Hälfte das rechte Muster. Beide Muster können je nach Garnstärke vergrößert oder verbreitert werden.

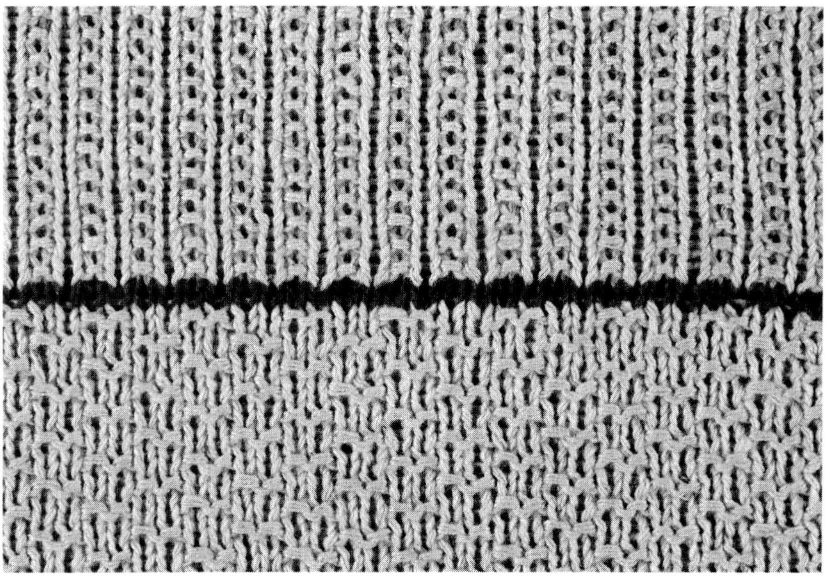

Das Kornmandl

```
— — % % % % — — — — — % % % % — — — — — % % % % — —
— — O O O O — — — — — O O O O — — — — — O O O O — —
— — O O O O — — — — — O O O O — — — — — O O O O — —
— — O O O O — — — — — O O O O — — — — — O O O O — —
— — — — — — % % % % — — — — — % % % % — — — — — — —
— — — — — — O O O O — — — — — O O O O — — — — — — —
— — — — — — O O O O — — — — — O O O O — — — — — — —
— — — — — — O O O O — — — — — O O O O — — — — — — —
— — % % % % — — — — — % % % % — — — — — % % % % — —
— — O O O O — — — — — O O O O — — — — — O O O O — —
— — O O O O — — — — — O O O O — — — — — O O O O — —
— — O O O O — — — — — O O O O — — — — — O O O O — —
```

Kornmandl oder Kornmännlein.

In der 4. Reihe die beiden ersten Rechtsmaschen auf Hilfsnadel abheben (nicht stricken), die beiden folgenden Rechtsmaschen stricken, dann die abgehobenen ersten beiden Rechtsmaschen stricken usw.

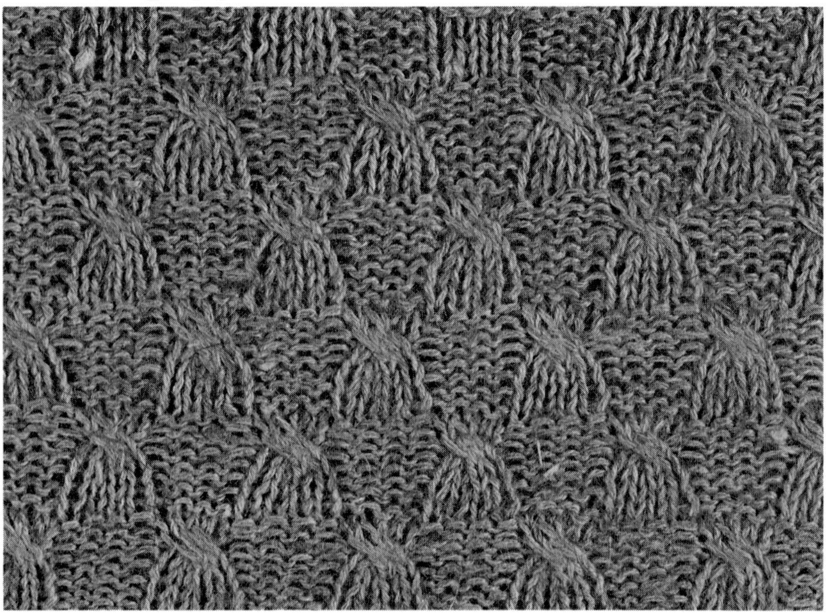

Die Sandhur

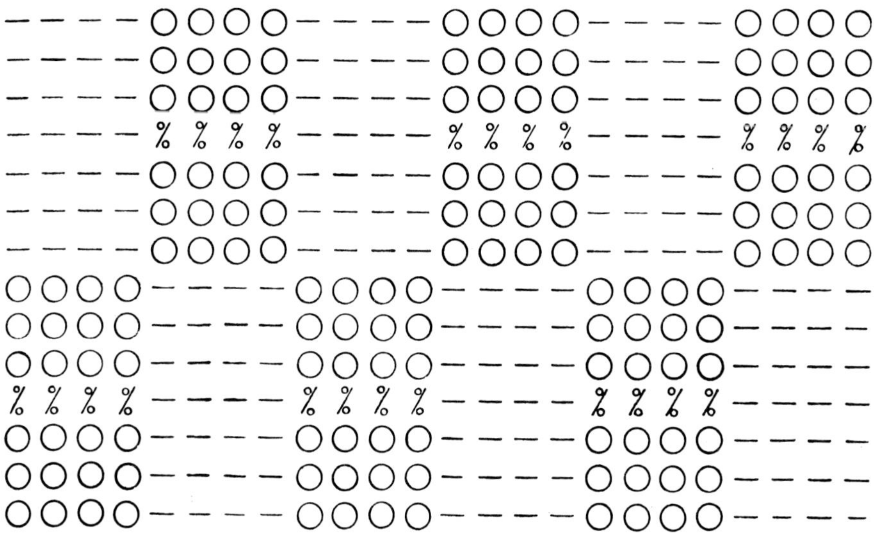

In der 4. Reihe die beiden ersten Rechtsmaschen auf Hilfsnadel abheben (nicht stricken), die beiden folgenden Rechtsmaschen stricken, dann die abgehobenen beiden ersten Rechtsmaschen stricken usw.

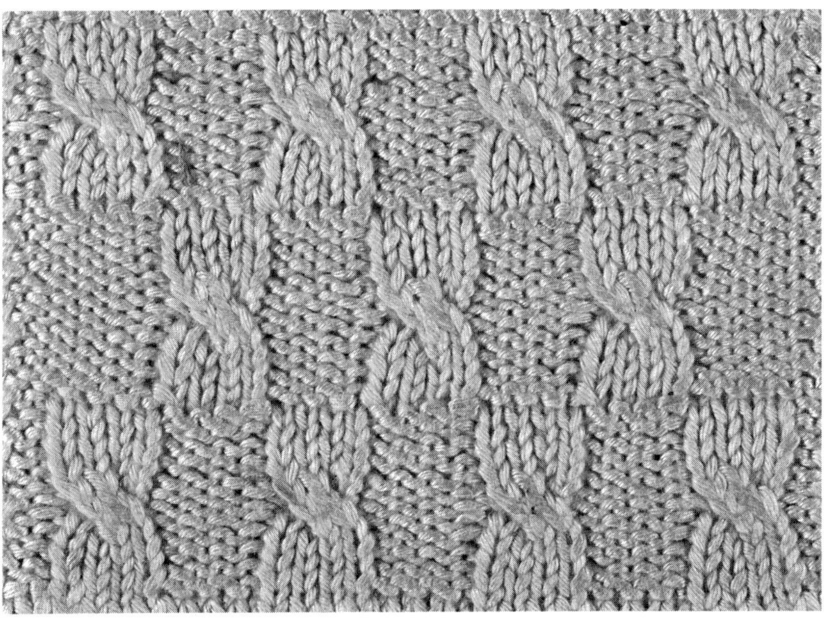

Das Glöckerl

```
— — / D / — — / D / — — / D / — — / D / — —
— — ○ ○ ○ — — ○ ○ ○ — — ○ ○ ○ — — ○ ○ ○ — —
— — ○ ○ ○ — — ○ ○ ○ — — ○ ○ ○ — — ○ ○ ○ — —
— — ○ ○ ○ — — ○ ○ ○ — — ○ ○ ○ — — ○ ○ ○ — —
— — ○ ○ ○ — — ○ ○ ○ — — ○ ○ ○ — — ○ ○ ○ — —
— — / D / — — / D / — — / D / — — / D / — —
— — ○ ○ ○ — — ○ ○ ○ — — ○ ○ ○ — — ○ ○ ○ — —
— — ○ ○ ○ — — ○ ○ ○ — — ○ ○ ○ — — ○ ○ ○ — —
— — ○ ○ ○ — — ○ ○ ○ — — ○ ○ ○ — — ○ ○ ○ — —
— — ○ ○ ○ — — ○ ○ ○ — — ○ ○ ○ — — ○ ○ ○ — —
— — / D / — — / D / — — / D / — — / D / — —
— — ○ ○ ○ — — ○ ○ ○ — — ○ ○ ○ — — ○ ○ ○ — —
— — ○ ○ ○ — — ○ ○ ○ — — ○ ○ ○ — — ○ ○ ○ — —
— — ○ ○ ○ — — ○ ○ ○ — — ○ ○ ○ — — ○ ○ ○ — —
— — ○ ○ ○ — — ○ ○ ○ — — ○ ○ ○ — — ○ ○ ○ — —
```

Glöckerl oder Glöckchen. Sehr schönes Strumpfmuster.

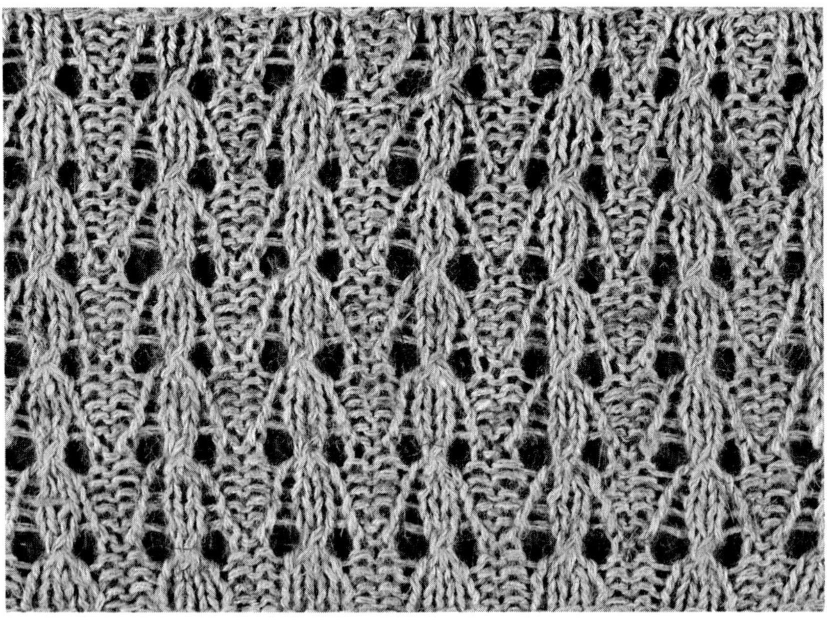

Das Glöckerl als Füllmodel

```
– – – / D / – – – / D / – – – / D / – – –
– – – ○ ○ ○ – – – ○ ○ ○ – – – ○ ○ ○ – – –
– – – ○ ○ ○ – – – ○ ○ ○ – – – ○ ○ ○ – – –
– – – ○ ○ ○ – – – ○ ○ ○ – – – ○ ○ ○ – – –
– – – ○ ○ ○ – – – ○ ○ ○ – – – ○ ○ ○ – – –
/ D / – – – / D / – – – / D / – – – / D /
○ ○ ○ – – – ○ ○ ○ – – – ○ ○ ○ – – – ○ ○ ○
○ ○ ○ – – – ○ ○ ○ – – – ○ ○ ○ – – – ○ ○ ○
○ ○ ○ – – – ○ ○ ○ – – – ○ ○ ○ – – – ○ ○ ○
○ ○ ○ – – – ○ ○ ○ – – – ○ ○ ○ – – – ○ ○ ○
– – – / D / – – – / D / – – – / D / – – –
– – – ○ ○ ○ – – – ○ ○ ○ – – – ○ ○ ○ – – –
– – – ○ ○ ○ – – – ○ ○ ○ – – – ○ ○ ○ – – –
– – – ○ ○ ○ – – – ○ ○ ○ – – – ○ ○ ○ – – –
– – – ○ ○ ○ – – – ○ ○ ○ – – – ○ ○ ○ – – –
```

Jeder dieser Musterreihen folgt eine Zwischenreihe, die so gestrickt wird, wie sich die Maschen zeigen.

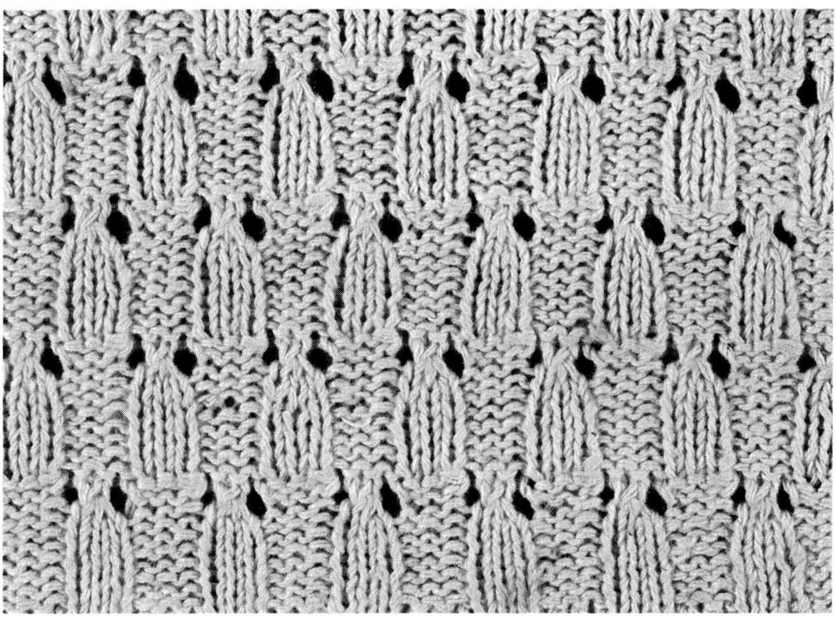

Das Loaterl

```
– – V / O O O – – V / O O O – – V / O O O – –
– – O V / O O – – O V / O O – – O V / O O – –
– – O O V / O – – O O V / O – – O O V / O – –
– – O O O V / – – O O O V / – – O O O V / – –
– – V / O O O – – V / O O O – – V / O O O – –
– – O V / O O – – O V / O O – – O V / O O – –
– – O O V / O – – O O V / O – – O O V / O – –
– – O O O V / – – O O O V / – – O O O V / – –
– – V / O O O – – V / O O O – – V / O O O – –
– – O V / O O – – O V / O O – – O V / O O – –
– – O O V / O – – O O V / O – – O O V / O – –
– – O O O V / – – O O O V / – – O O O V / – –
– – V / O O O – – V / O O O – – V / O O O – –
– – O V / O O – – O V / O O – – O V / O O – –
– – O O V / O – – O O V / O – – O O V / O – –
```

Loaterl oder Leiterl. Sehr schönes Strumpfmuster.
Jeder dieser Musterreihen folgt eine Zwischenreihe, die so gestrickt wird, wie sich die Maschen zeigen.

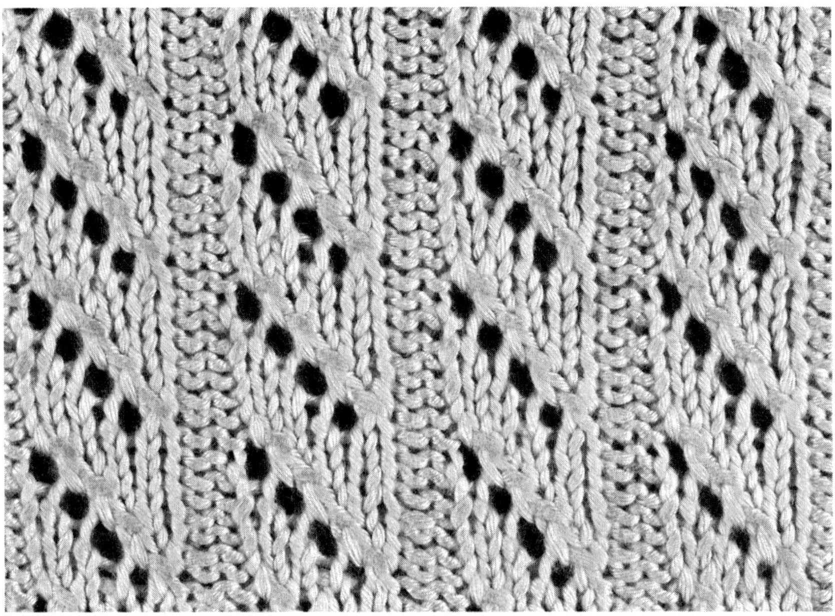

Das Doppelloaterl

—	—	—	V	/	O	O	O	O	O	/	X	—	—	—
—	—	—	O	V	/	O	O	O	/	X	O	—	—	—
—	—	—	O	O	V	/	O	/	X	O	O	—	—	—
—	—	—	O	O	O	O	/	X	O	O	O	—	—	—
—	—	—	V	/	O	O	O	O	O	/	X	—	—	—
—	—	—	O	V	/	O	O	O	/	X	O	—	—	—
—	—	—	O	O	V	/	O	/	X	O	O	—	—	—
—	—	—	O	O	O	O	/	X	O	O	O	—	—	—
—	—	—	V	/	O	O	O	O	O	/	X	—	—	—
—	—	—	O	V	/	O	O	O	/	X	O	—	—	—
—	—	—	O	O	V	/	O	/	X	O	O	—	—	—
—	—	—	O	O	O	O	/	X	O	O	O	—	—	—

Jeder dieser Musterreihen folgt eine Zwischenreihe, die so gestrickt wird, wie sich die Maschen zeigen.

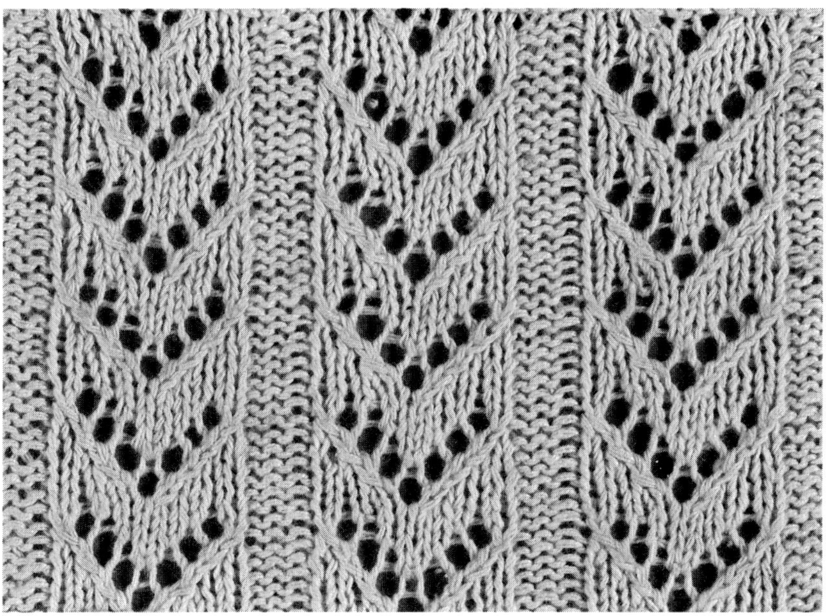

Die hohe Leiter

```
X/OOOX/OOOX/OOOX/OOO//OOOO
OOOOX/OOOX/OOOX/OOOX/OOOO
OOOX/OOOX/OOOX/OOOX/OOOX/
OOX/OOOX/OOOX/OOOX/OOOX/O
OX/OOOX/OOOX/OOOX/OOOX/OO
X/OOOX/OOOX/OOOX/OOOX/OOO
OOOOX/OOOX/OOOX/OOOX/OOOO
OOOX/OOOX/OOOX/OOOX/OOOX/
OOX/OOOX/OOOX/OOOX/OOOX/O
OX/OOOX/OOOX/OOOX/OOOX/OO
X/OOOX/OOOX/OOOX/OOOX/OOO
OOOOX/OOOX/OOOX/OOOX/OOOO
OOOX/OOOX/OOOX/OOOX/OOOX/
OOX/OOOX/OOOX/OOOX/OOOX/O
OX/OOOX/OOOX/OOOX/OOOX/OO
```

Jeder Musterreihe folgt eine Zwischenreihe, die so gestrickt wird, wie sich die Maschen zeigen.

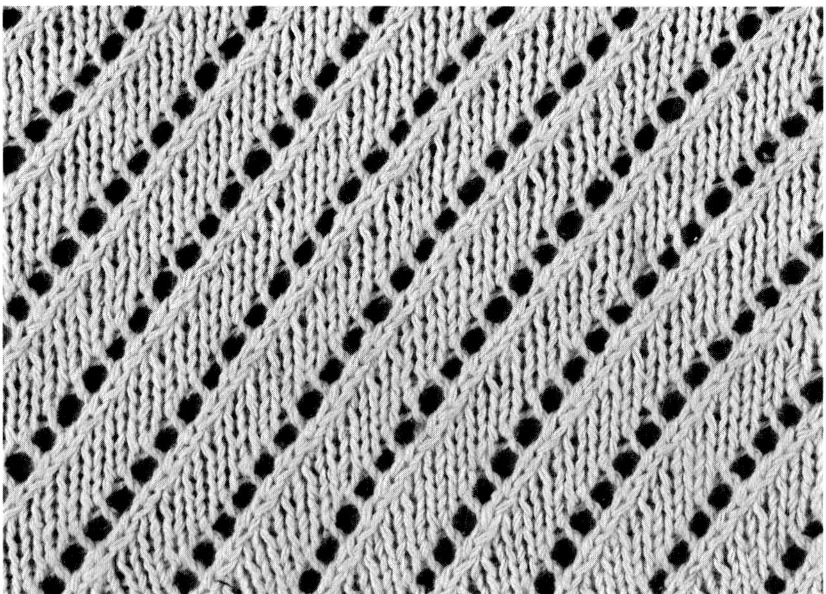

Lückerlblitzmodel

O O O / X O O / X O O / X O O / X O O / X O O O

O O / X O O / X O O / X O O / X O O / X O O / X

O / X O O / X O O / X O O / X O O / X O O / X O

/ X O O / X O O / X O O / X O O / X O O / X O O

O O O V / O O V / O O V / O O V / O O V / O O O

V / O O V / O O V / O O V / O O V / O O V / O O

O V / O O V / O O V / O O V / O O V / O O V / O

O O V / O O V / O O V / O O V / O O V / O O V /

O O O / X O O / X O O / X O O / X O O / X O O O

O O / X O O / X O O / X O O / X O O / X O O / X

O / X O O / X O O / X O O / X O O / X O O / X O

/ X O O / X O O / X O O / X O O / X O O / X O O

O O O V / O O V / O O V / O O V / O O V / O O O

V / O O V / O O V / O O V / O O V / O O V / O O

O V / O O V / O O V / O O V / O O V / O O V / O

O O V / O O V / O O V / O O V / O O V / O O V /

Jeder Musterreihe folgt eine Zwischenreihe, die so gestrickt wird, wie sich die Maschen zeigen.

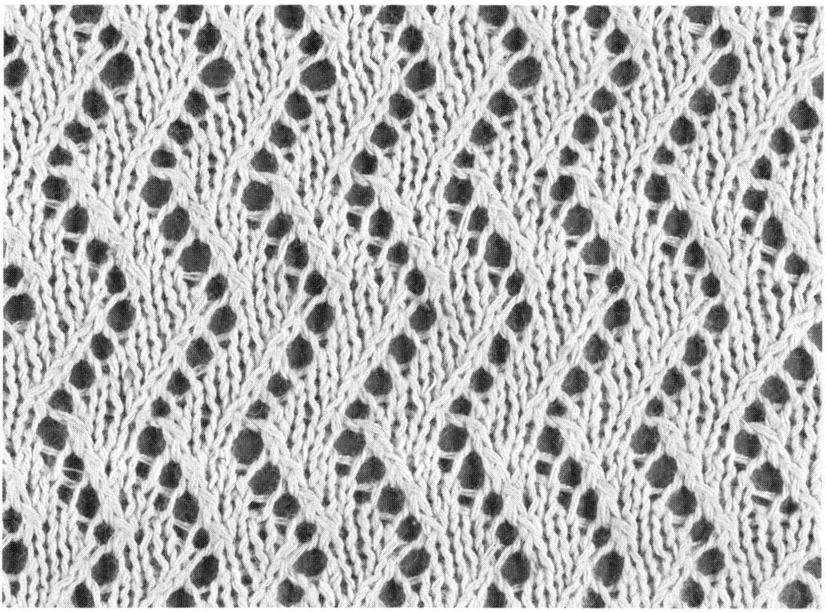

Der liegende Lückerlzickzack

OOO/D/OOOOOOO/D/OOOOOOO/X
OO/XOV/OOOOO/XOV/OOOOO/XO
O/XOOOV/OOO/XOOOV/OOO/XOO
/XOOOOOV/O/XOOOOOV/O/XOOO
OOOOOOOOV/OOOOOOOOV/OOOOO
OOO/D/OOOOOOO/D/OOOOOOO/X
OO/XOV/OOOOO/XOV/OOOOO/XO
O/XOOOV/OOO/XOOOV/OOO/XOO
/XOOOOOV/O/XOOOOOV/O/XOOO
OOOOOOOOV/OOOOOOOOV/OOOOO
OOO/D/OOOOOOO/D/OOOOOOO/X
OO/XOV/OOOOO/XOV/OOOOO/XO
O/XOOOV/OOO/XOOOV/OOO/XOO
/XOOOOOV/O/XOOOOOV/O/XOOO
OOOOOOOOV/OOOOOOOOV/OOOOO

Jede 5. Musterreihe weicht am Anfang etwas vom Muster ab, damit beim Flachstricken ein glatter Rand entsteht. Beim Rundstricken fällt die kleine Abweichung fort. Jeder Musterreihe folgt eine Zwischenreihe, die so gestrickt wird, wie sich die Maschen zeigen.

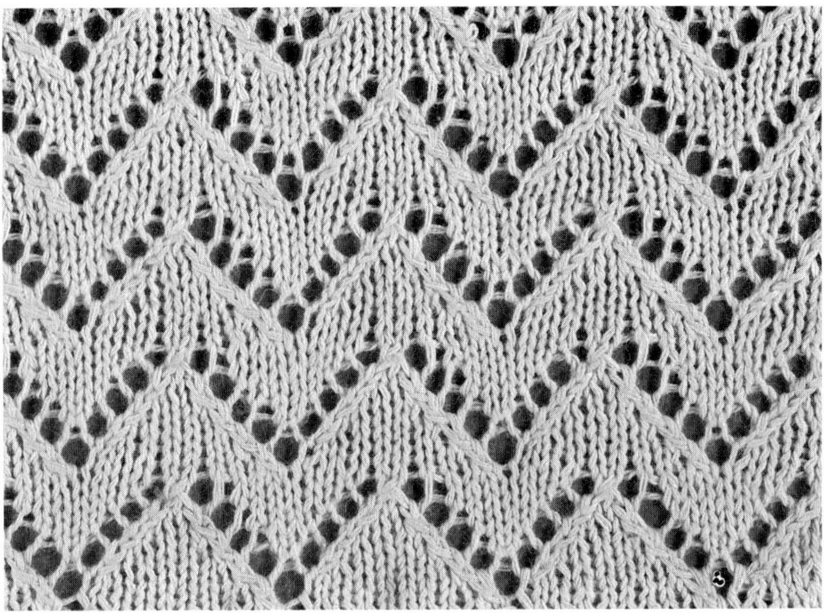

Abart der hohen Leiter

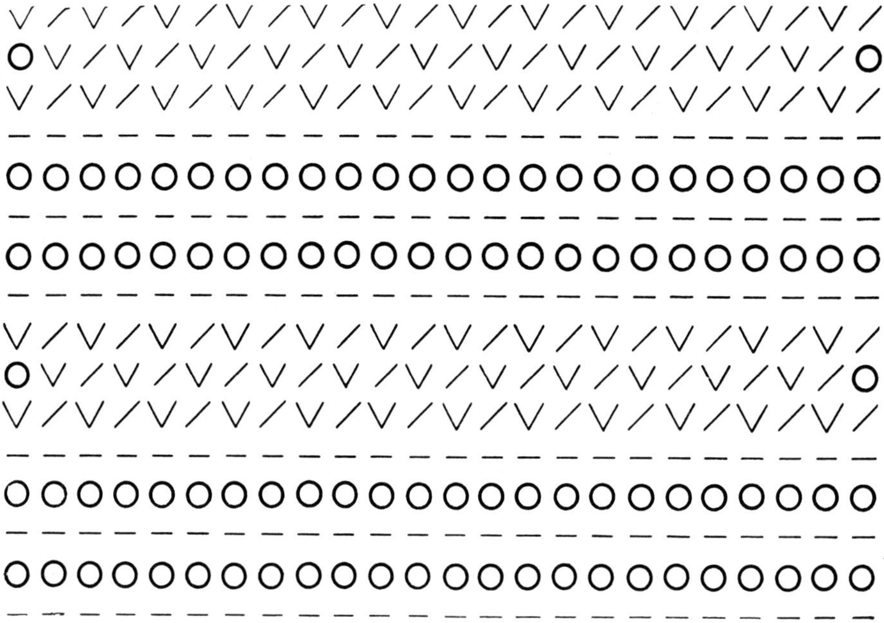

Jeder 6., 7. und 8. Musterreihe dieser Tafel folgt eine Zwischenreihe, die so gestrickt wird, wie sich die Maschen zeigen.

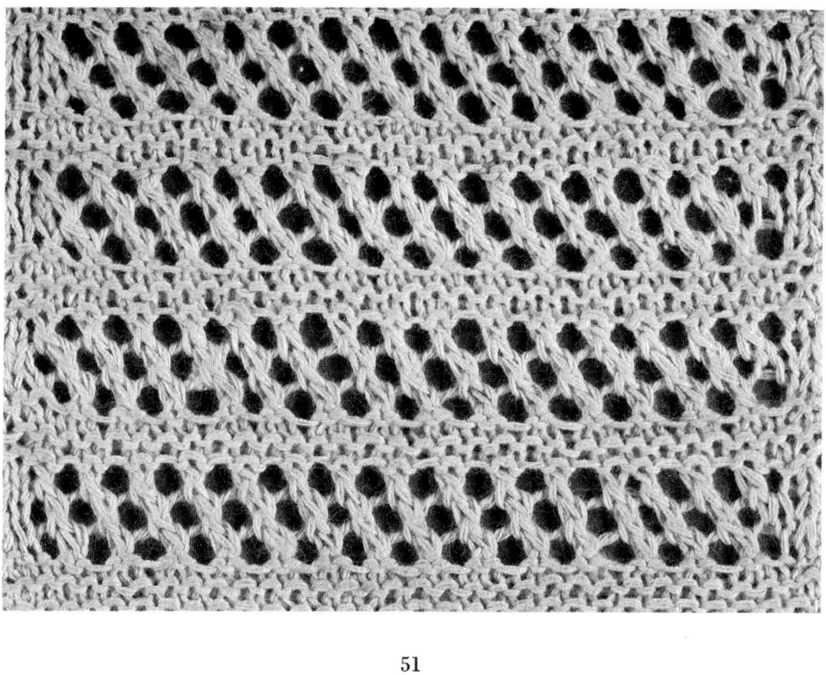

Ein unterbrochener liegender schöner Lückerlzickzack

– –

– –

/ D / O O O / D / O O O / D / O O O / D / O O

O O V / O / X O V / O / X O V / O / X O V / O

O O O V / O O O O V / O O O O V / O O O O V /

– –

– –

/ D / O O O / D / O O O / D / O O O / D / O O

O O V / O / X O V / O / X O V / O / X O V / O

O O O V / O O O O V / O O O O V / O O O O V /

– –

– –

Jeder 3., 4. und 5. Mustereihe folgt eine Zwischenreihe, die so gestrickt wird, wie sich die Maschen zeigen.

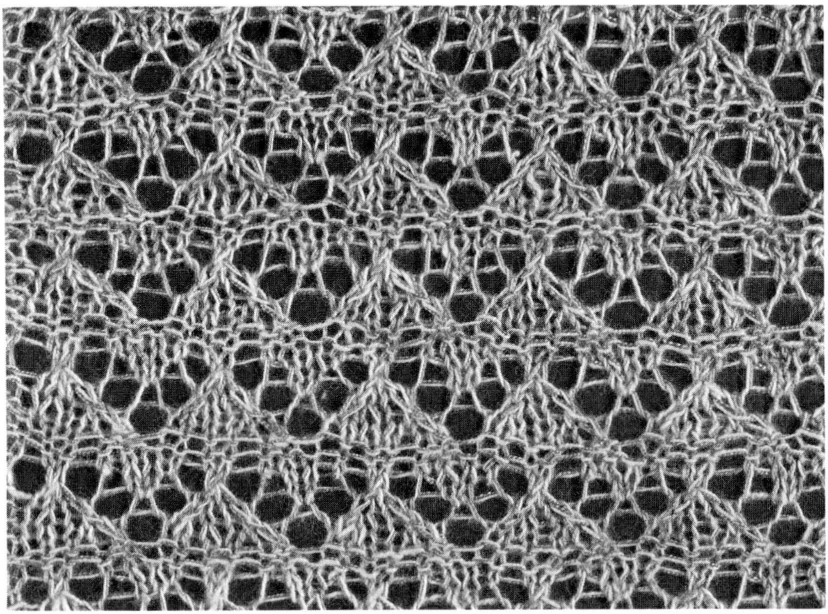

Sternchen im Streifen

```
-V/O/X--OOO--V/O/X--OOO--
-O/D/O--OOO--O/D/O--OOO--
-V/O/X--OOO--V/O/X--OOO--
--OOO--V/O/X--OOO--V/O/X-
--OOO--O/D/O--OOO--O/D/O-
--OOO--V/O/X--OOO--V/O/X-
-V/O/X--OOO--V/O/X--OOO--
-O/D/O--OOO--O/D/O--OOO--
-V/O/X--OOO--V/O/X--OOO--
--OOO--V/O/X--OOO--V/O/X-
--OOO--O/D/O--OOO--O/D/O-
--OOO--V/O/X--OOO--V/O/X-
```

Ein sehr schönes Füllmuster, das wir besonders für Kindersachen verwenden können. Jeder Musterreihe folgt eine Zwischenreihe, die so gestrickt wird, wie sich die Maschen zeigen.

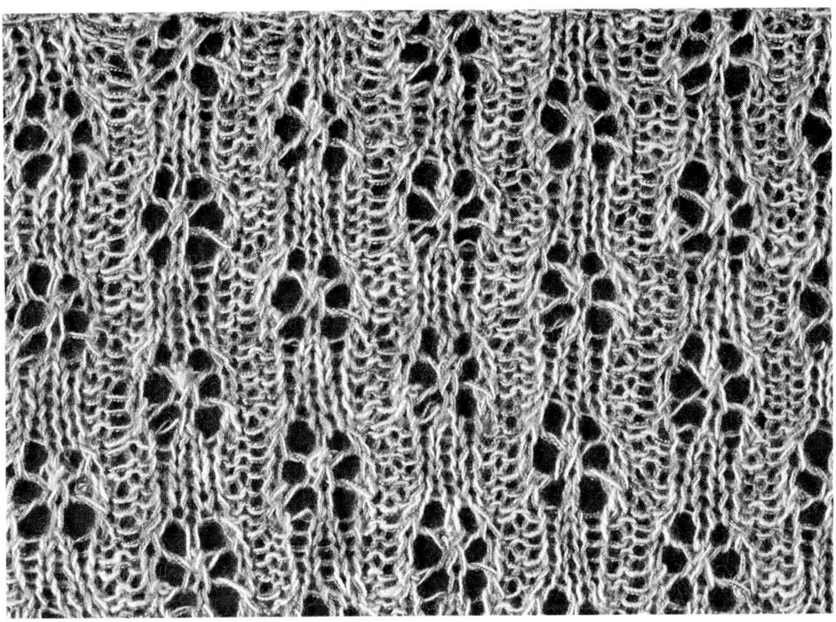

Doppelbäumel. (Alter Lückerlstreifen 1860)

```
---VOOOO/OOOOOOOOO/OOOOX---
----VOOOO/OOOOOOO/OOOOX----
-----VOOOO/OOOOO/OOOOX-----
------VOOOO/OOO/OOOOX------
-------VOOOO/O/OOOOX-------
---VOOOO/OOOOOOOOO/OOOOX---
----VOOOO/OOOOOOO/OOOOX----
-----VOOOO/OOOOO/OOOOX-----
------VOOOO/OOO/OOOOX------
-------VOOOO/O/OOOOX-------
---VOOOO/OOOOOOOOO/OOOOX---
----VOOOO/OOOOOOO/OOOOX----
-----VOOOO/OOOOO/OOOOX-----
------VOOOO/OOO/OOOOX------
-------VOOOO/O/OOOOX-------
```

Der Abstand zwischen den Bäumeln kann beliebig verkleinert werden.

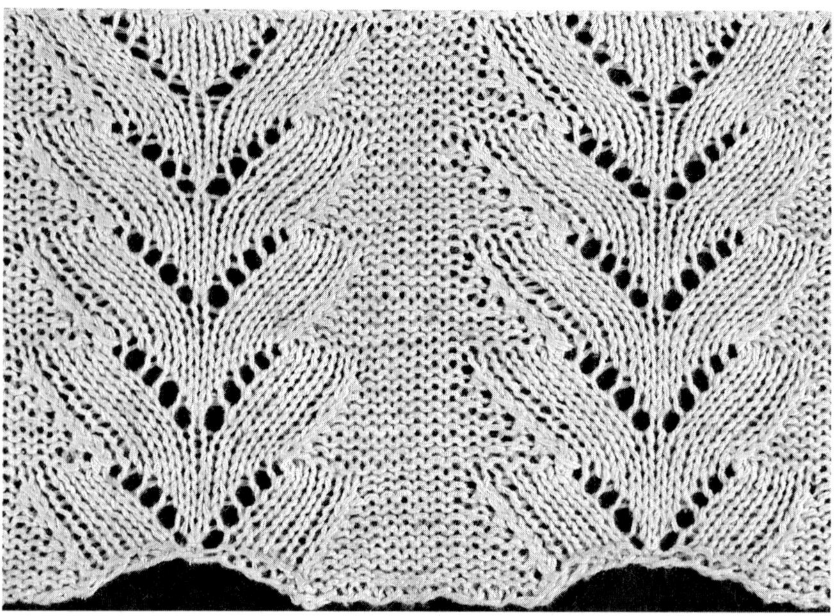

Das Achterband

O	O	O	V	/	O	O	V	/	O	O	O	/	X	O	O	/	X	O	O	O
O	O	O	O	V	/	O	O	V	/	O	/	X	O	O	/	X	O	O	O	O
O	O	O	O	O	V	/	O	O	V	/	O	O	O	/	X	O	O	O	O	O
O	O	O	O	O	O	V	/	O	O	V	/	O	/	X	O	O	O	O	O	O
O	O	O	O	O	O	O	V	/	O	O	V	/	O	O	O	O	O	O	O	O
O	O	O	O	O	/	X	O	V	/	O	O	V	/	O	O	O	O	O	O	O
O	O	O	O	/	X	O	O	/	D	/	O	O	V	/	O	O	O	O	O	O
O	O	X	/	X	O	O	/	X	/	V	/	O	O	V	/	O	O	O	O	O
O	O	O	V	/	O	O	V	/	O	O	O	/	X	O	O	/	X	O	O	O
O	O	O	O	V	/	O	O	V	/	O	/	X	O	O	/	X	O	O	O	O
O	O	O	O	O	V	/	O	O	V	/	O	O	O	/	X	O	O	O	O	O
O	O	O	O	O	O	V	/	O	O	V	/	O	/	X	O	O	O	O	O	O
O	O	O	O	O	O	O	V	/	O	O	V	/	O	O	O	O	O	O	O	O

Jeder Musterreihe folgt eine Zwischenreihe, die so gestrickt wird, wie sich die Maschen zeigen.

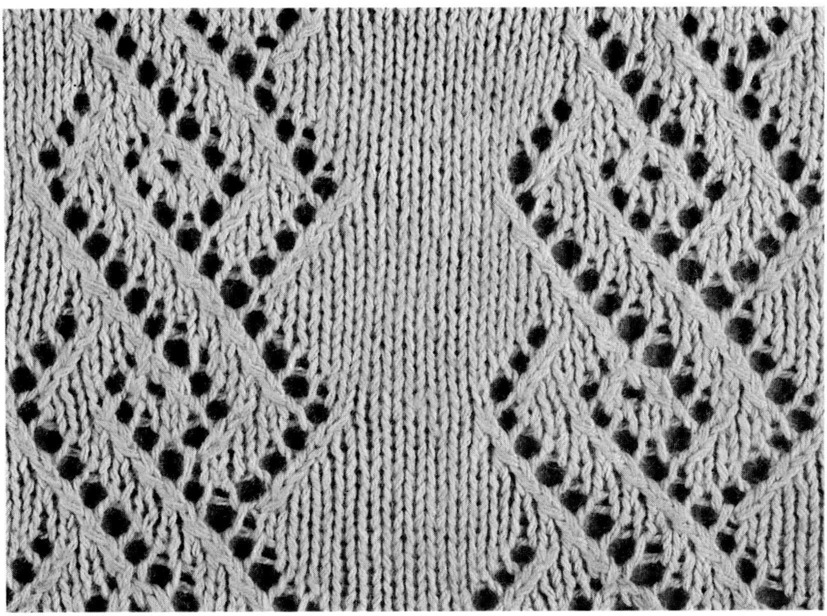

Das Bäumchen

O	O	O	O	O	O	O	O	O	O	O	O	O	O	O	O	O	O	O	O	O	O	O	O	O	O	O
O	O	O	O	O	O	O	O	O	O	O	O	O	O	O	O	O	O	O	O	O	O	O	O	O	O	O
O	O	O	O	O	O	O	O	V	/	O	O	O	O	O	O	O	V	/	O	O	O	O	O	O	O	O
O	O	O	O	O	O	O	V	/	V	/	O	O	O	O	O	V	/	V	/	O	O	O	O	O	O	O
O	O	O	O	O	O	V	/	V	/	V	/	O	O	O	V	/	V	/	V	/	O	O	O	O	O	O
O	O	O	O	O	O	O	O	V	/	O	O	O	O	O	O	O	V	/	O	O	O	O	O	O	O	O
O	O	O	O	O	O	O	O	V	/	O	O	O	O	O	O	O	V	/	O	O	O	O	O	O	O	O
O	O	O	O	O	O	O	O	V	/	O	O	O	O	O	O	O	V	/	O	O	O	O	O	O	O	O
O	O	O	O	O	O	O	O	V	/	O	O	O	O	O	O	O	V	/	O	O	O	O	O	O	O	O
O	O	O	O	O	O	O	O	O	O	O	O	O	O	O	O	O	O	O	O	O	O	O	O	O	O	O
O	O	O	O	O	O	O	O	O	O	O	O	O	O	O	O	O	O	O	O	O	O	O	O	O	O	O
O	O	O	O	O	O	O	O	O	O	O	O	O	O	O	O	O	O	O	O	O	O	O	O	O	O	O
O	O	O	O	V	/	O	O	O	O	O	O	O	V	/	O	O	O	O	O	O	O	V	/	O	O	O
O	O	O	V	/	V	/	O	O	O	O	O	V	/	V	/	O	O	O	O	O	V	/	V	/	O	O
O	O	V	/	V	/	V	/	O	O	O	V	/	V	/	V	/	O	O	O	V	/	V	/	V	/	O
O	O	O	O	V	/	O	O	O	O	O	O	O	V	/	O	O	O	O	O	O	O	V	/	O	O	O
O	O	O	O	V	/	O	O	O	O	O	O	O	V	/	O	O	O	O	O	O	O	V	/	O	O	O
O	O	O	O	V	/	O	O	O	O	O	O	O	V	/	O	O	O	O	O	O	O	V	/	O	O	O
O	O	O	O	V	/	O	O	O	O	O	O	O	V	/	O	O	O	O	O	O	O	V	/	O	O	O
O	O	O	O	O	O	O	O	O	O	O	O	O	O	O	O	O	O	O	O	O	O	O	O	O	O	O

Jeder Musterreihe folgt eine Zwischenreihe, die so gestrickt wird, wie sich die Maschen zeigen.

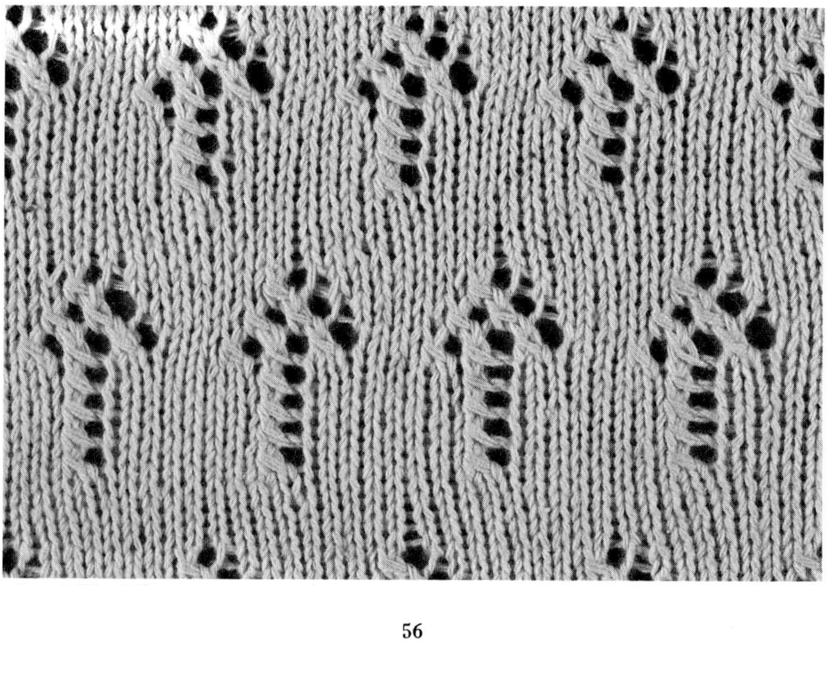

Ein liegender Lückerlzickzack

O	O	/	X	/	D	/	V	/	O	O	O	/	X	/	D	/	V	/	O	O
O	/	X	/	X	O	V	/	V	/	O	/	X	/	X	O	V	/	V	/	O
O	O	/	X	/	D	/	V	/	O	O	O	/	X	/	D	/	V	/	O	O
O	/	X	/	X	O	V	/	V	/	O	/	X	/	X	O	V	/	V	/	O
O	O	/	X	/	D	/	V	/	O	O	O	/	X	/	D	/	V	/	O	O
O	/	X	/	X	O	V	/	V	/	O	/	X	/	X	O	V	/	V	/	O
O	O	/	X	/	D	/	V	/	O	O	O	/	X	/	D	/	V	/	O	O
O	/	X	/	X	O	V	/	V	/	O	/	X	/	X	O	V	/	V	/	O
O	O	/	X	/	D	/	V	/	O	O	O	/	X	/	D	/	V	/	O	O
O	/	X	/	X	O	V	/	V	/	O	/	X	/	X	O	V	/	V	/	O
O	O	/	X	/	D	/	V	/	O	O	O	/	X	/	D	/	V	/	O	O
O	/	X	/	X	O	V	/	V	/	O	/	X	/	X	O	V	/	V	/	O
O	O	/	X	/	D	/	V	/	O	O	O	/	X	/	D	/	V	/	O	O
O	/	X	/	X	O	V	/	V	/	O	/	X	/	X	O	V	/	V	/	O

Muster stammt aus dem Jahre 1860. Es wurde einem kleinen Kinderhäubchen entnommen in Fehring, Oststeier. Jeder Musterreihe folgt eine Zwischenreihe, die so gestrickt wird, wie sich die Maschen zeigen.

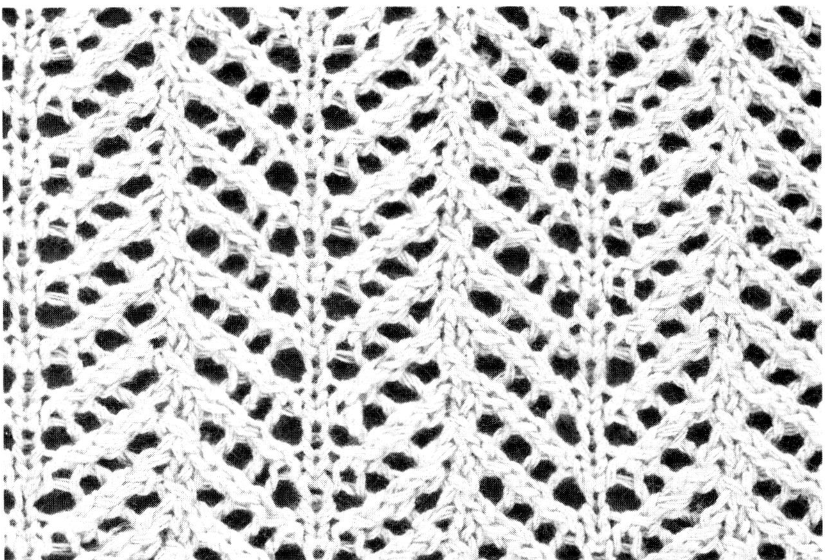

Der Rettenegger Model

— — X O / O O O O O / O V — — — X O / O O O O O / O V — —
— — X O O / O O O / O O V — — — X O O / O O O / O O V — —
— — X O O O / O / O O O V — — — X O O O / O / O O O V — —
O O O / O V — — — X O / O O O O O / O V — — — X O / O O O
O O / O O V — — — X O O / O O O / O O V — — — X O O / O O
O / O O O V — — — X O O O / O / O O O V — — — X O O O / O
— — X O / O O O O O / O V — — — X O / O O O O O / O V — —
— — X O O / O O O / O O V — — — X O O / O O O / O O V — —
— — X O O O / O / O O O V — — — X O O O / O / O O O V — —
O O O / O V — — — X O / O O O O O / O V — — — X O / O O O
O O / O O V — — — X O O / O O O / O O V — — — X O O / O O
O / O O O V — — — X O O O / O / O O O V — — — X O O O / O
— — X O / O O O O O / O V — — — X O / O O O O O / O V — —
— — X O O / O O O / O O V — — — X O O / O O O / O O V — —
— — X O O O / O / O O O V — — — X O O O / O / O O O V — —

Jeder Musterreihe folgt eine Zwischenreihe, die so gestrickt wird, wie sich die Maschen zeigen.

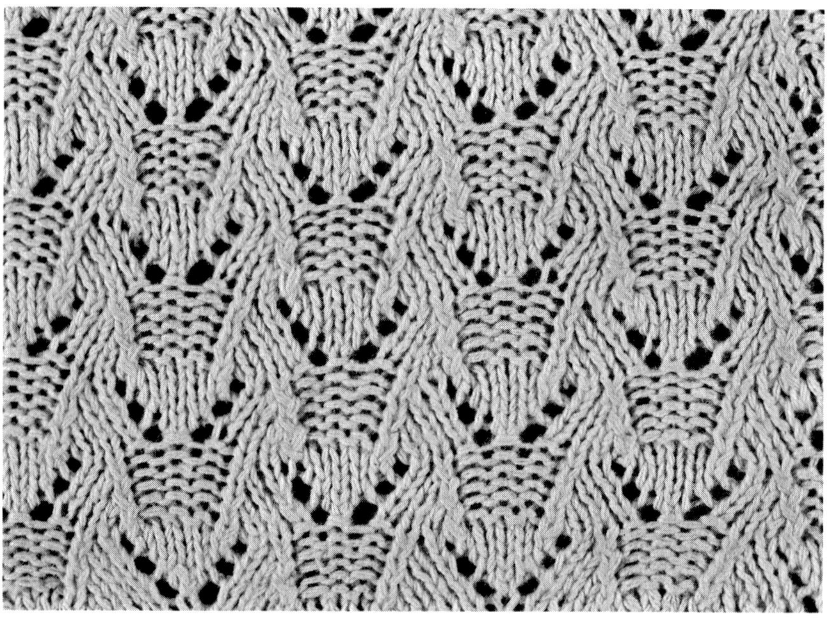

Einmaliger Lückerlmodel aus Laibach

O	O	O	O	V	/	O	/	X	O	O	O	V	/	O	/	X	O	O	O	O
O	O	O	O	O	O	O	O	O	O	O	O	O	O	O	O	O	O	O	O	O
O	O	O	O	O	O	/	X	O	O	O	O	O	O	/	X	O	O	O	O	O
O	O	O	O	O	—	—	—	O	O	O	O	O	—	—	—	O	O	O	O	O
O	O	O	O	O	—	—	—	O	O	O	O	O	—	—	—	O	O	O	O	O
O	O	O	O	O	—	—	—	O	O	O	O	O	—	—	—	O	O	O	O	O
O	/	O	/	X	O	O	O	V	/	O	/	X	O	O	O	V	/	O	/	X
O	O	O	O	O	O	O	O	O	O	O	O	O	O	O	O	O	O	O	O	O
O	O	/	X	O	O	O	O	O	O	/	X	O	O	O	O	O	O	/	X	O
O	—	—	—	O	O	O	O	O	—	—	—	O	O	O	O	O	—	—	—	O
O	—	—	—	O	O	O	O	O	—	—	—	O	O	O	O	O	—	—	—	O
O	—	—	—	O	O	O	O	O	—	—	—	O	O	O	O	O	—	—	—	O
O	O	O	O	V	/	O	/	X	O	O	O	V	/	O	/	X	O	O	O	O
O	O	O	O	O	O	O	O	O	O	O	O	O	O	O	O	O	O	O	O	O
O	O	O	O	O	O	/	X	O	O	O	O	O	O	/	X	O	O	O	O	O

Auf dieser Stricktafel sind die Zwischenreihen mit eingezeichnet (2., 4., 6. Reihe usw.)

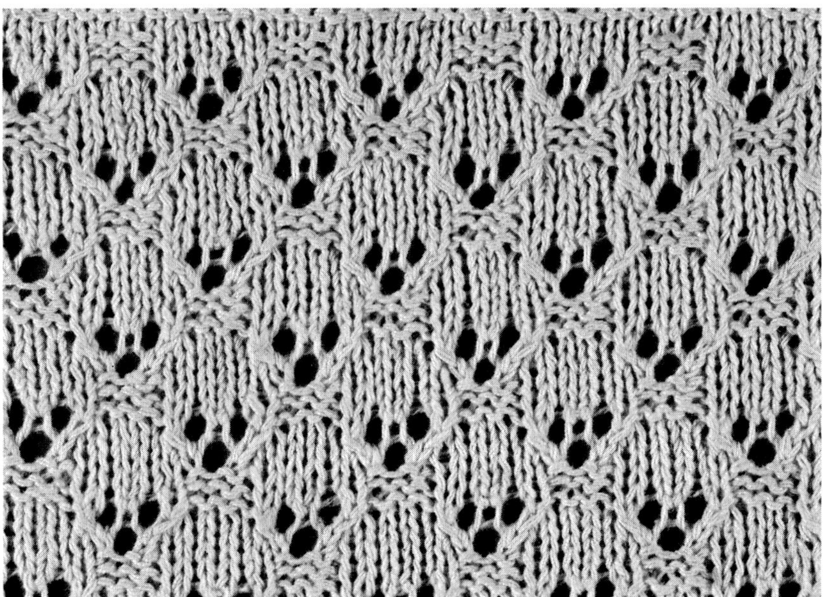

Der Bienenkorb

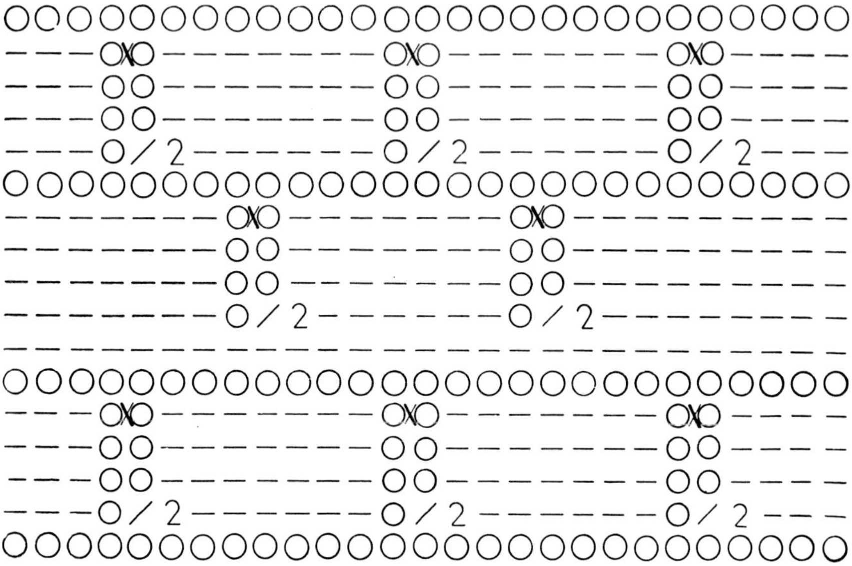

X nach links drüberziehen

Das X-Zeichen zwischen den Maschen bedeutet, daß die Masche rechts von dem Zeichen nach links über die andere Masche gezogen wird. Jeder der hier angegebenen Musterreihen folgt eine Zwischenreihe, die so gestrickt wird, wie sich die Maschen zeigen.

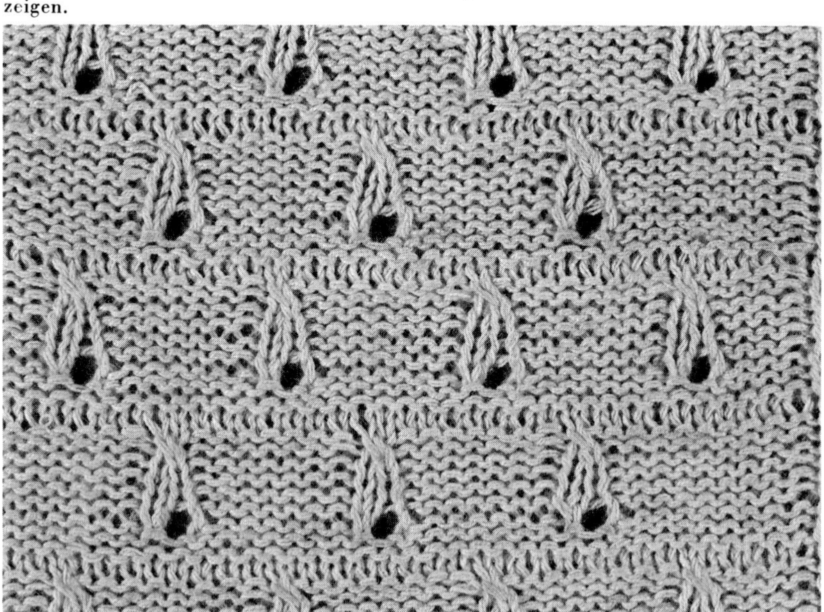

Tränenmodel

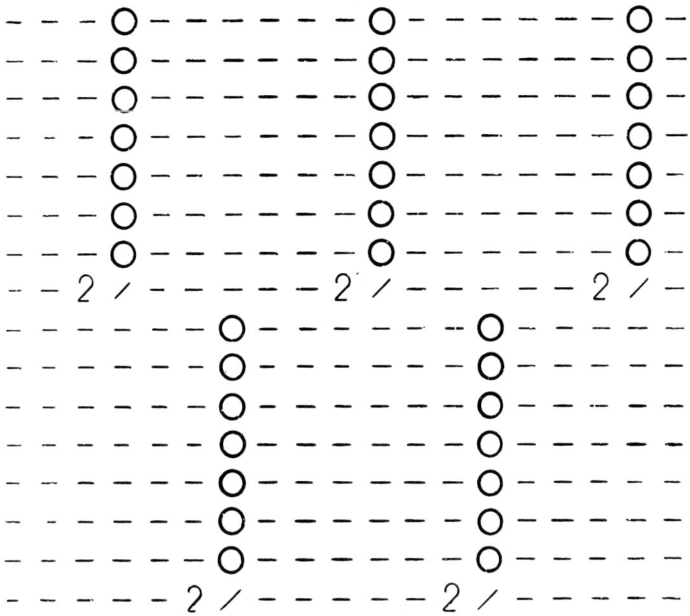

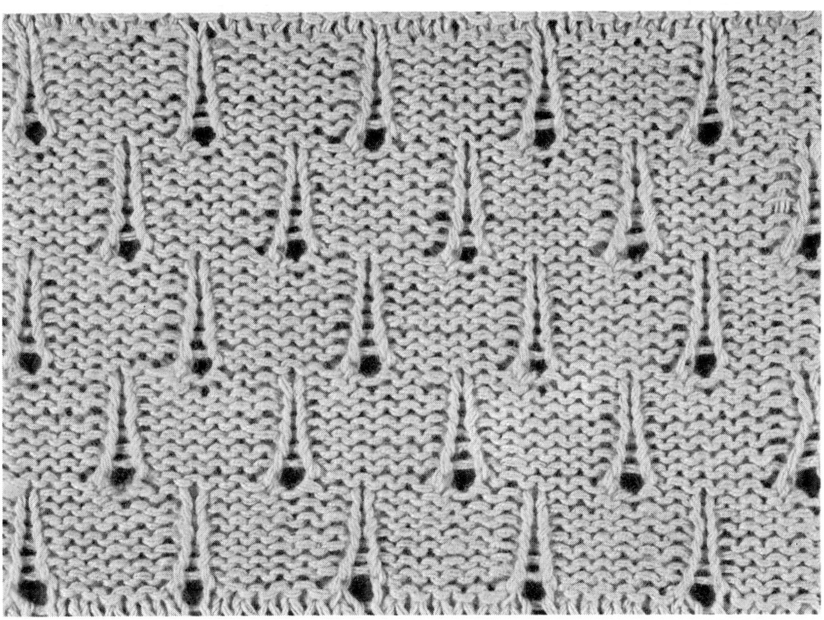

Blitzmodel mit Dreieckerl

—	/	X	O	O	O	O	O	O	—	/	X	O	O	O	O	O	O
O	V	/	—	—	—	—	—	—	O	V	/	—	—	—	—	—	—
O	O	V	/	—	—	—	—	—	O	O	V	/	—	—	—	—	—
O	O	O	V	/	—	—	—	—	O	O	O	V	/	—	—	—	—
O	O	O	O	V	/	—	—	—	O	O	O	O	V	/	—	—	—
O	O	O	O	O	V	/	—	—	O	O	O	O	O	V	/	—	—
O	O	O	O	O	O	V	/	—	O	O	O	O	O	O	V	/	—
—	—	—	—	—	—	/	X	O	—	—	—	—	—	—	/	X	O
—	—	—	—	—	/	X	O	O	—	—	—	—	—	/	X	O	O
—	—	—	—	/	X	O	O	O	—	—	—	—	/	X	O	O	O
—	—	—	/	X	O	O	O	O	—	—	—	/	X	O	O	O	O
—	—	/	X	O	O	O	O	O	—	—	/	X	O	O	O	O	O
—	/	X	O	O	O	O	O	O	—	/	X	O	O	O	O	O	O

Jeder Musterreihe folgt eine Zwischenreihe, die so gestrickt wird, wie sich die Maschen zeigen.

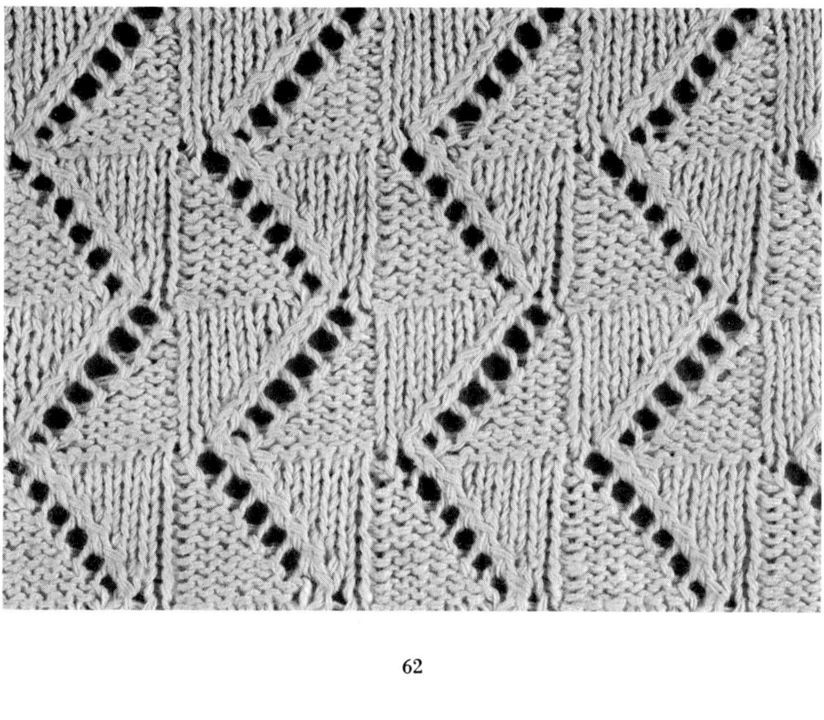

Baum und Blitzmodel

Eignet sich als Strumpfmodel

```
OO/X/OXOOVO/OOO/X/OXOOVO/OOO/X/X
O/X/OXOOOOVO/O/X/OXOOOOVO/O/X/OX
OV/OOOOO/OXVO/V/OOOOO/OXVO/V/OOO
V/V/OOO/OXOOVO/V/OOO/OXOOVO/V/OO
VO/V/O/OXOOOOVO/V/O/OXOOOOVO/V/O
OOO/X/OXVO/OOOOO/X/OXVO/OOOOO/XO
OO/X/OXOOVO/OOO/X/OXOOVO/OOO/X/X
O/X/OXOOOOVO/O/X/OXOOOOVO/O/X/OX
OV/OOOOO/OXVO/V/OOOOO/OXVO/V/OOO
V/V/OOO/OXOOVO/V/OOO/OXOOVO/V/OO
VO/V/O/OXOOOOVO/V/O/OXOOOOVO/V/O
OOO/X/OXVO/OOOOO/X/OXVO/OOOOO/XO
OO/X/OXOOVO/OOO/X/OXOOVO/OOO/X/X
O/X/OXOOOOVO/O/X/OXOOOOVO/O/X/OX
OV/OOOOO/OXVO/V/OOOOO/OXVO/V/OOO
V/V/OOO/OXOOVO/V/OOO/OXOOVO/V/OO
VO/V/O/OXOOOOVO/V/O/OXOOOOVO/V/O
OOO/X/OXVO/OOOOO/X/OXVO/OOOOO/XO
```

Die ersten und letzten senkrechten Randmaschen zeigen eine kleine Abweichung vom eigentlichen Muster. Sie dürfen darum auch nur als Randmaschen bei einer Strickarbeit gestrickt werden, damit ein glatter Rand entsteht. Beim Rundstricken fallen die Randmaschen fort. Jeder Musterreihe folgt eine Zwischenreihe, die so gestrickt wird, wie sich die Maschen zeigen.

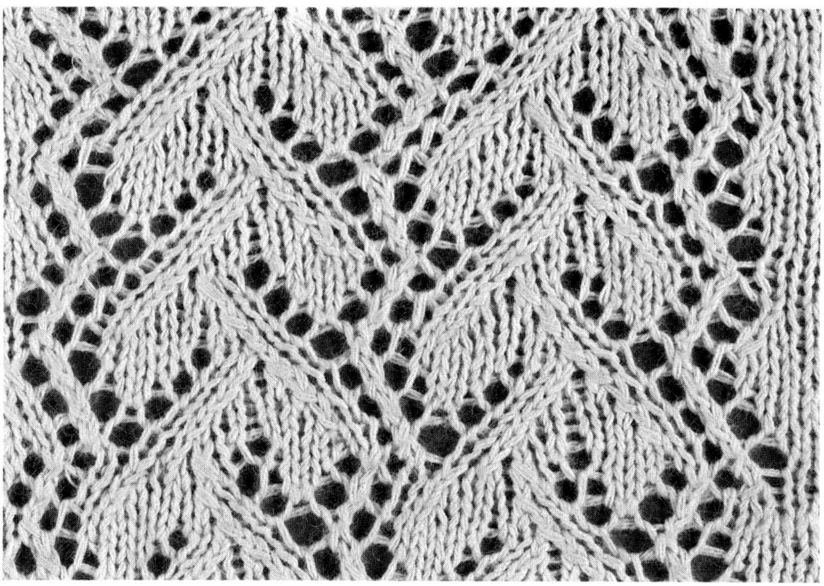

Durchbrochene Zwischenstreifen

V /	/ X	V / O / X
O O	O O	O O O O O
V /	/ X	V / O / X
O O	O O	O O O O O
V /	/ X	V / O / X
O O	O O	O O O O O
V /	/ X	V / O / X
O O	O O	O O O O O
V /	/ X	V / O / X
O O	O O	O O O O O
V /	/ X	V / O / X
O O	O O	O O O O O
V /	/ X	V / O / X
O O	O O	O O O O O
V /	/ X	V / O / X
O O	O O	O O O O O

Die Fotografie zeigt eine beliebige Zusammenstellung der einzelnen Streifen.

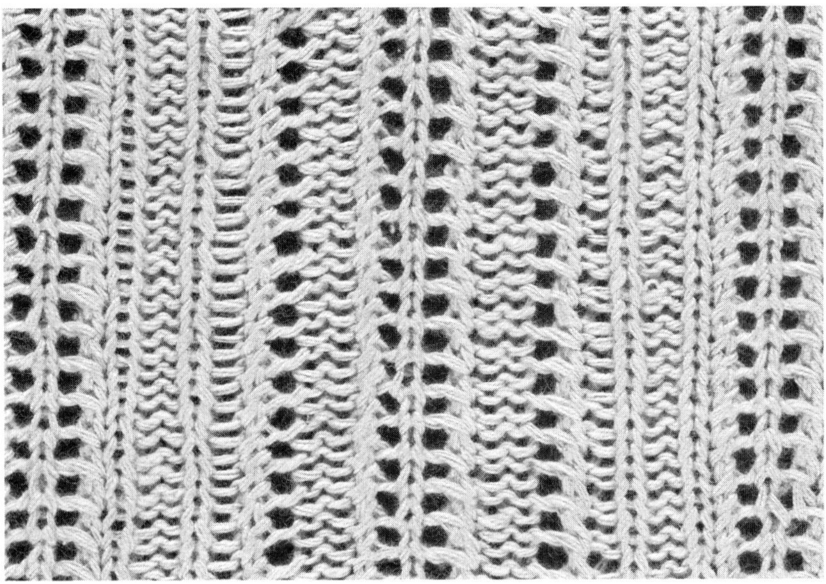

Einfacher Lückerlzwischenstreifen und Riegerlstreifen

– – O O 8 – – – – – – 8 O O – –
– – V / 8 O O O O O O 8 / X – –
– – O O 8 – – – – – – 8 O O – –
– – V / 8 O O O O O O 8 / X – –
– – O O 8 – – – – – – 8 O O – –
– – V / 8 O O O O O O 8 / X – –
– – O O 8 – – – – – – 8 O O – –
– – V / 8 O O O O O O 8 / X – –
– – O O 8 – – – – – – 8 O O – –
– – V / 8 O O O O O O 8 / X – –
– – O O 8 – – – – – – 8 O O – –
– – V / 8 O O O O O O 8 / X – –
– – O O 8 – – – – – – 8 O O – –
– – V / 8 O O O O O O 8 / X – –

Doppellückerlzwischenstreifen u. Doppelackerfurchenstreifen

O O O O O – – – – O O O O O
V / O / X – – – – V / O / X
O O O O O O O O O O O O O O
V / O / X O O O O V / O / X
O O O O O – – – – O O O O O
V / O / X – – – – V / O / X
O O O O O O O O O O O O O O
V / O / X O O O O V / O / X
O O O O O – – – – O O O O O
V / O / X – – – – V / O / X
O O O O O O O O O O O O O O
V / O / X O O O O V / O / X

Beide Muster eignen sich gut als Strumpfstreifen. Auf dieser Stricktafel sind die Zwischenreihen mit eingezeichnet (2., 4., 6. Reihe usw.).

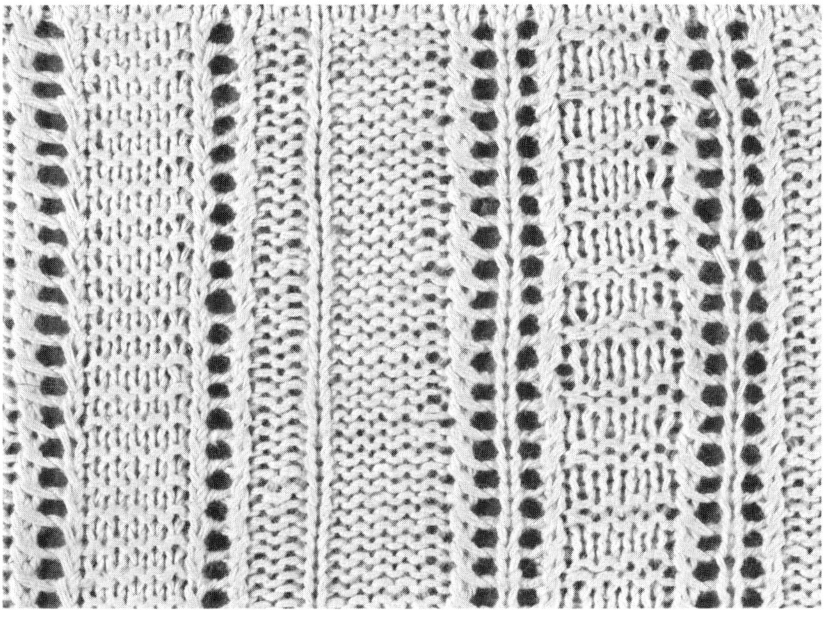

Spannfadenmodel

Keine Zwischengänge — Ein Loaterlstreifen

– × / O O O O – – × / O O O O – – × / O O O O –

– × O / O O O – – × O / O O O – – × O / O O O –

– × O O / O O – – × O O / O O – – × O O / O O –

– × O O O / O – – × O O O / O – – × O O O / O –

– × O O O O / – – × O O O O / – – × O O O O / –

– × / O O O O – – × / O O O O – – × / O O O O –

– × O / O O O – – × O / O O O – – × O / O O O –

– × O O / O O – – × O O / O O – – × O O / O O –

– × O O O / O – – × O O O / O – – × O O O / O –

– × O O O O / – – × O O O O / – – × O O O O / –

– × / O O O O – – × / O O O O – – × / O O O O –

– × O / O O O – – × O / O O O – – × O / O O O –

– × O O / O O – – × O O / O O – – × O O / O O –

– × O O O / O – – × O O O / O – – × O O O / O –

– × O O O O / – – × O O O O / – – × O O O O / –

Dieses Muster wird, wie auf der Stricktafel angegeben, Reihe für Reihe gestrickt ohne eine Zwischenreihe. Muster verläuft in schräger Richtung. Es wirkt gut als Strumpfrand.

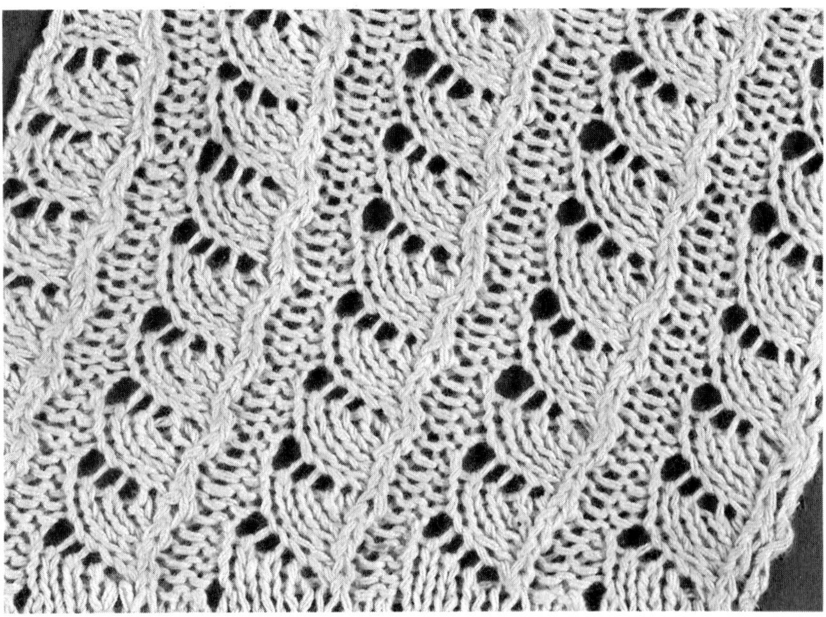

Der große Lückerlzickzack

Alter Strumpfmodel

O	V	/	V	/	O	O	O	O	O	O	O	V	/	V	/	O	O	O	O	O	O
O	O	V	/	V	/	O	O	O	O	O	O	O	V	/	V	/	O	O	O	O	O
O	O	O	V	/	V	/	O	O	O	O	O	O	O	V	/	V	/	O	O	O	O
O	O	O	O	V	/	V	/	O	O	O	O	O	O	O	V	/	V	/	O	O	O
O	O	O	O	O	V	/	V	/	O	O	O	O	O	O	O	V	/	V	/	O	O
O	O	O	O	O	O	V	/	V	/	O	O	O	O	O	O	O	V	/	V	/	O
O	O	O	O	O	O	O	/	X	/	X	O	O	O	O	O	O	O	/	X	/	X
O	O	O	O	O	O	/	X	/	X	O	O	O	O	O	O	O	/	X	/	X	O
O	O	O	O	O	/	X	/	X	O	O	O	O	O	O	O	/	X	/	X	O	O
O	O	O	O	/	X	/	X	O	O	O	O	O	O	O	/	X	/	X	O	O	O
O	O	O	/	X	/	X	O	O	O	O	O	O	O	/	X	/	X	O	O	O	O
O	O	/	X	/	X	O	O	O	O	O	O	O	/	X	/	X	O	O	O	O	O
O	/	X	/	X	O	O	O	O	O	O	O	/	X	/	X	O	O	O	O	O	O

Jeder Musterreihe folgt eine Zwischenreihe, die so gestrickt wird, wie sich die Maschen zeigen.

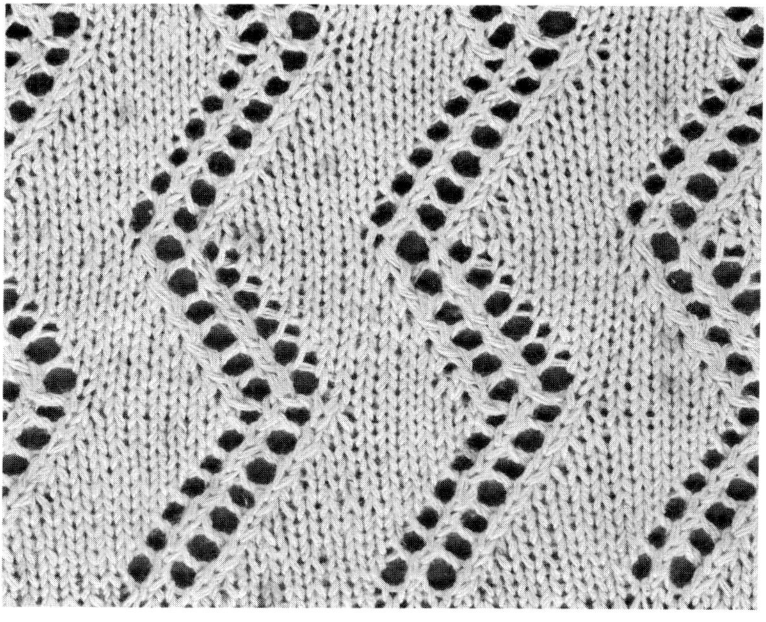

Blütenmodel

für Einsätze, Blusen u. ä.

D / O O O O O O O O / D / O O O O O O O O /

O O / X O O O O V / O O O / X O O O O V / O

O / X O O O O O O V / O / X O O O O O O V /

O O / X O O O O V / O O O / X O O O O V / O

O / X O O O O O O V / O / X O O O O O O V /

/ O O O O O O O O O V / O O O O O O O O O V

V / O O O O O O O O O V / O O O O O O O O O

O V / O O O O O O O O O V / O O O O O O O O

O O O O O / D / O O O O O O O O / D / O O O

O O O V / O O O / X O O O O V / O O O / X O

O O O O V / O / X O O O O O O V / O / X O O

O O O V / O O O / X O O O O V / O O O / X O

O O O O V / O / X O O O O O O V / O / X O O

O O O O O V / O O O O O O O O O V / O O O O

O O O O O O V / O O O O O O O O O V / O O O

O O O O O O O V / O O O O O O O O O V / O O

Jeder Musterreihe folgt eine Zwischenreihe, die so gestrickt wird, wie sich die Maschen zeigen.

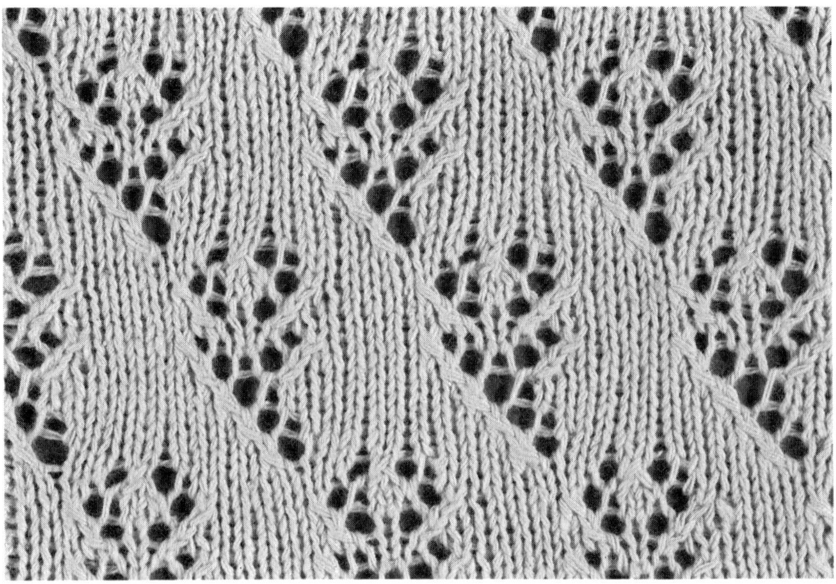

Kleines Fensterl

O	O	O	O	O	O	O	O	O	O	O	O	O	O	O	O	O	O	O	O	O	O	O
O	O	O	O	O	O	O	O	O	O	O	O	O	O	O	O	O	O	O	O	O	O	O
O	O	V	/	O	/	×	O	O	V	/	O	/	×	O	O	V	/	O	/	×	O	O
O	O	V	/	O	/	×	O	O	V	/	O	/	×	O	O	V	/	O	/	×	O	O
O	O	O	O	O	O	O	O	O	O	O	O	O	O	O	O	O	O	O	O	O	O	O
O	O	O	O	O	O	O	O	O	O	O	O	O	O	O	O	O	O	O	O	O	O	O
O	O	V	/	O	/	×	O	O	V	/	O	/	×	O	O	V	/	O	/	×	O	O
O	O	V	/	O	/	×	O	O	V	/	O	/	×	O	O	V	/	O	/	×	O	O
O	O	O	O	O	O	O	O	O	O	O	O	O	O	O	O	O	O	O	O	O	O	O
O	O	O	O	O	O	O	O	O	O	O	O	O	O	O	O	O	O	O	O	O	O	O
O	O	V	/	O	/	×	O	O	V	/	O	/	×	O	O	V	/	O	/	×	O	O
O	O	V	/	O	/	×	O	O	V	/	O	/	×	O	O	V	/	O	/	×	O	O
O	O	O	O	O	O	O	O	O	O	O	O	O	O	O	O	O	O	O	O	O	O	O
O	O	O	O	O	O	O	O	O	O	O	O	O	O	O	O	O	O	O	O	O	O	O

Jeder Musterreihe folgt eine Zwischenreihe, die so gestrickt wird, wie sich die Maschen zeigen.

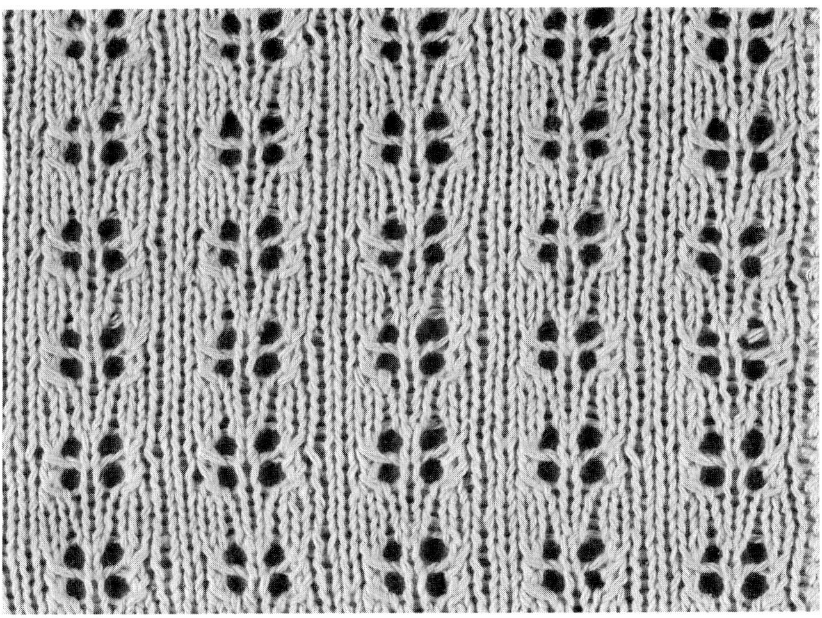

Großes Fensterl

```
— — — V / V / V / — — — V / V / V / — — —
— — — V / V / V / — — — V / V / V / — — —
— — — V / V / V / — — — V / V / V / — — —
— — — V / V / V / — — — V / V / V / — — —
— — — O O O O O O — — — O O O O O O — — —
— — — O O O O O O — — — O O O O O O — — —
— — — O O O O O O — — — O O O O O O — — —
— — — O O O O O O — — — O O O O O O — — —
— — — O O O O O O — — — O O O O O O — — —
— — — O O O O O O — — — O O O O O O — — —
— — — V / V / V / — — — V / V / V / — — —
— — — V / V / V / — — — V / V / V / — — —
— — — V / V / V / — — — V / V / V / — — —
— — — V / V / V / — — — V / V / V / — — —
```

Jeder Musterreihe folgt eine Zwischenreihe, die so gestrickt wird, wie sich die Maschen zeigen.

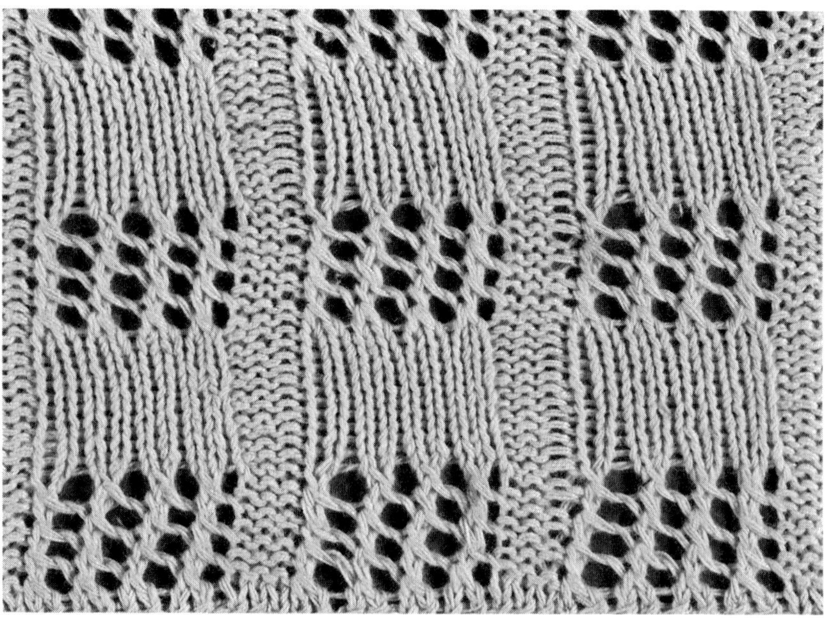

Fensterl

V / V / V / O O O O O O V / V / V / O O O O O O
V / V / V / O O O O O O V / V / V / O O O O O O
V / V / V / O O O O O O V / V / V / O O O O O O
O O O O O O O O O O O O O O O O O O O O O O O O
O O O O O O O O O O O O O O O O O O O O O O O O
O O O O O O V / V / V / O O O O O O V / V / V /
O O O O O O V / V / V / O O O O O O V / V / V /
O O O O O O O O O O O O O O O O O O O O O O O O
O O O O O O O O O O O O O O O O O O O O O O O O
V / V / V / O O O O O O V / V / V / O O O O O O
V / V / V / O O O O O O V / V / V / O O O O O O
V / V / V / O O O O O O V / V / V / O O O O O O

Jeder Musterreihe folgt eine Zwischenreihe, die so gestrickt wird, wie sich die Maschen zeigen.

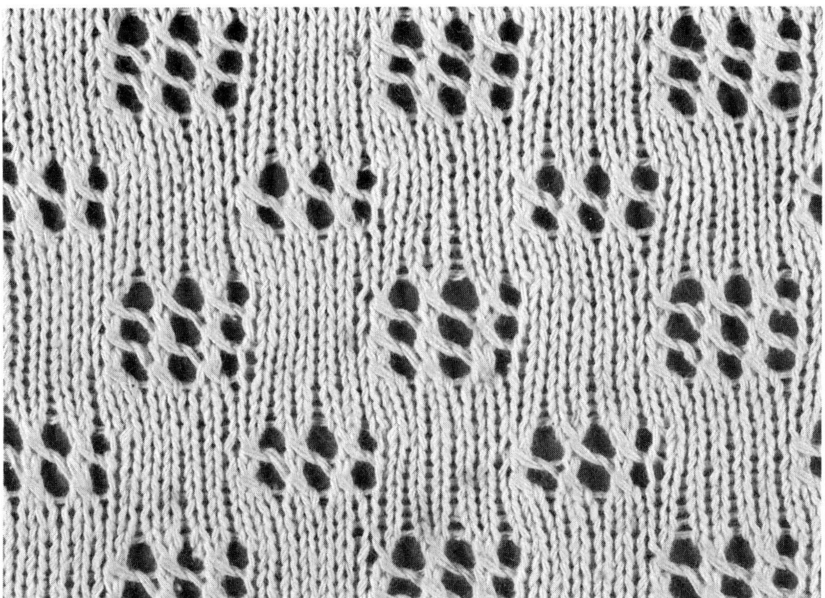

Erbsengrund 1. Art

Erbsengrund 2. Art

Beim Herausstricken von Maschen aus einem Doppelumschlag strickt man auf der Vorderseite 1 glatt und 1 verdreht, auf der Kehrseite 1 verkehrt und 1 glatt.

Erbsengrund 1. Art:

O	O	O	8	O	O	O	8	O	O	O	O
/	X	V	/	/	X	V	/	/	X	V	/
O	8	O	O	O	8	O	O	O	8	O	O
V	/	/	X	V	/	/	X	V	/	/	X
O	O	O	8	O	O	O	8	O	O	O	O
/	X	V	/	/	X	V	/	/	X	V	/
O	8	O	O	O	8	O	O	O	8	O	O
V	/	/	X	V	/	/	X	V	/	/	X
O	O	O	8	O	O	O	8	O	O	O	O
/	X	V	/	/	X	V	/	/	X	V	/

Erbsengrund 2. Art:

—	—	—	O	—	—	O	—	—	O	—	—
V	/	D	/	/	D	/	/	D	/	/	X
—	—	O	—	—	O	—	—	O	—	—	—
/	D	/	/	D	/	/	D	/	/	D	/
—	—	—	O	—	—	O	—	—	O	—	—
V	/	D	/	/	D	/	/	D	/	/	X
—	—	O	—	—	O	—	—	O	—	—	—
/	D	/	/	D	/	/	D	/	/	D	/
—	—	—	O	—	—	O	—	—	O	—	—
V	/	D	/	/	D	/	/	D	/	/	X

Beide Muster werden ohne Zwischenreihen gestrickt.

Fotografie zeigt den Erbsengrund 1. Art.

Die Fotografie von dem Erbsengrund 2. Art ist auf Seite 112.

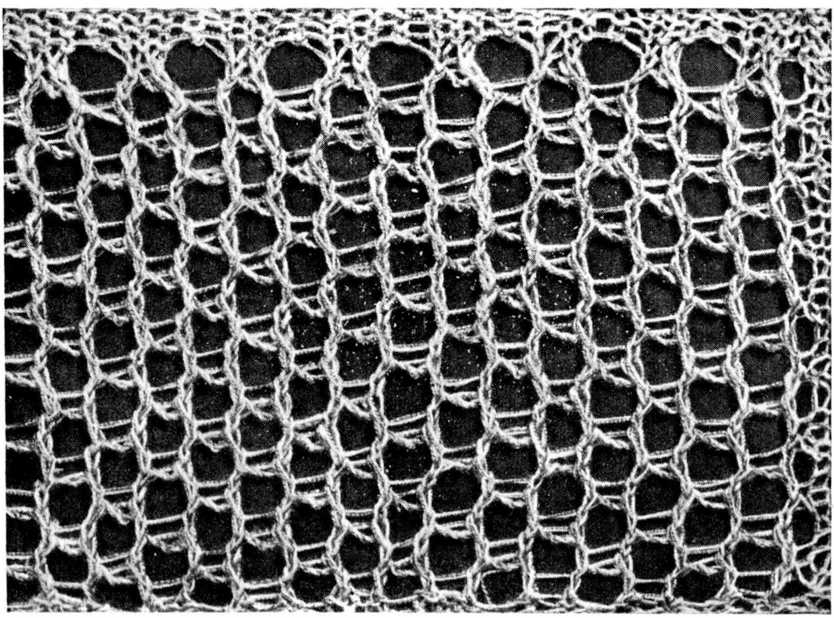

Die Lochspinne. (Ein Füllmodel)

Schon vor 1800 bekannt

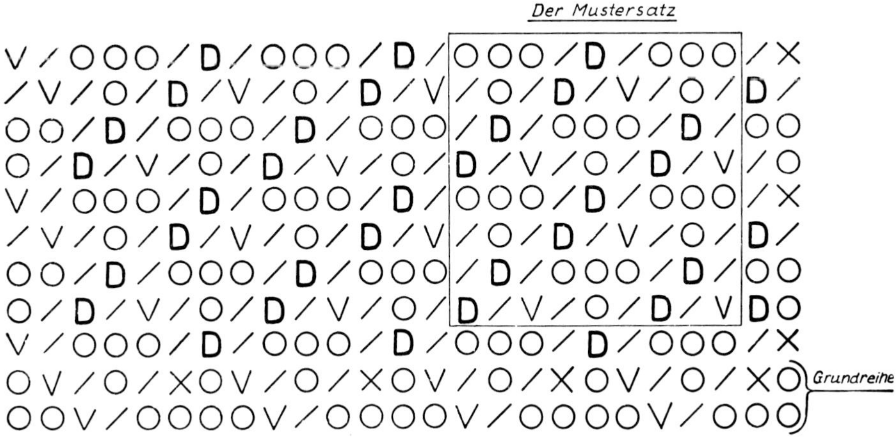

Jeder Musterreihe folgt eine Zwischenreihe, die so gestrickt wird, wie sich die Maschen zeigen. Die senkrechten Randmaschen weichen etwas vom Muster ab, damit beim Flachstricken ein glatter Rand entsteht. Sie dürfen darum auch nur als Randmaschen gestrickt werden. Sonst den Mustersatz beachten.

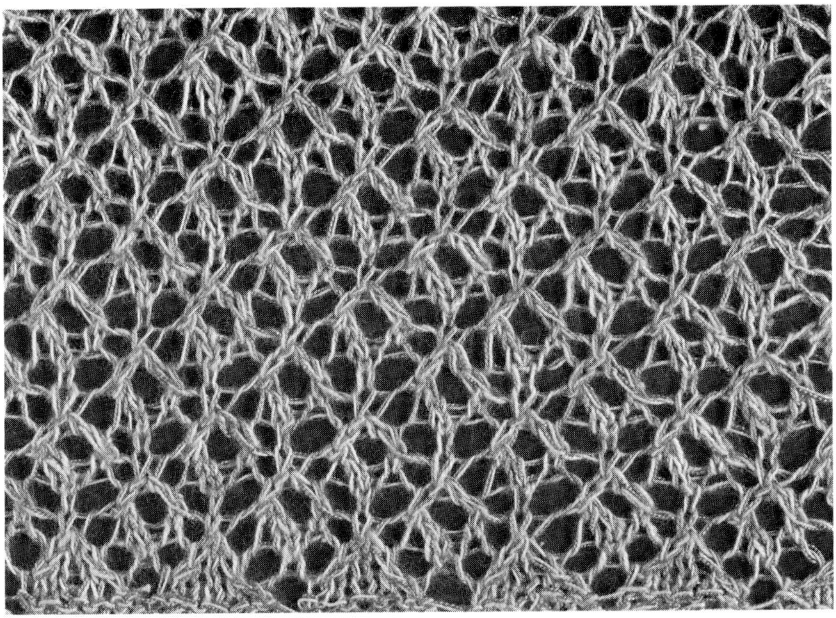

Schuppenmodel

— — O O O / 3 / O O O — — O O O / 3 / O O O — —

— — O O / O 3 O / O O — — O O / O 3 O / O O — —

— — O / O O 3 O O / O — — O / O O 3 O O / O — —

— — / O O O 3 O O O / — — / O O O 3 O O O / — —

— — O O O / 3 / O O O — — O O O / 3 / O O O — —

— — O O / O 3 O / O O — — O O / O 3 O / O O — —

— — O / O O 3 O O / O — — O / O O 3 O O / O — —

— — / O O O 3 O O O / — — / O O O 3 O O O / — —

— — O O O / 3 / O O O — — O O O / 3 / O O O — —

— — O O / O 3 O / O O — — O O / O 3 O / O O — —

— — O / O O 3 O O / O — — O / O O 3 O O / O — —

— — / O O O 3 O O O / — — / O O O 3 O O O / — —

— — O O O / 3 / O O O — — O O O / 3 / O O O — —

— — O O / O 3 O / O O — — O O / O 3 O / O O — —

— — O / O O 3 O O / O — — O / O O 3 O O / O — —

Jeder Musterreihe folgt eine Zwischenreihe, die so gestrickt wird, wie sich die Maschen zeigen.

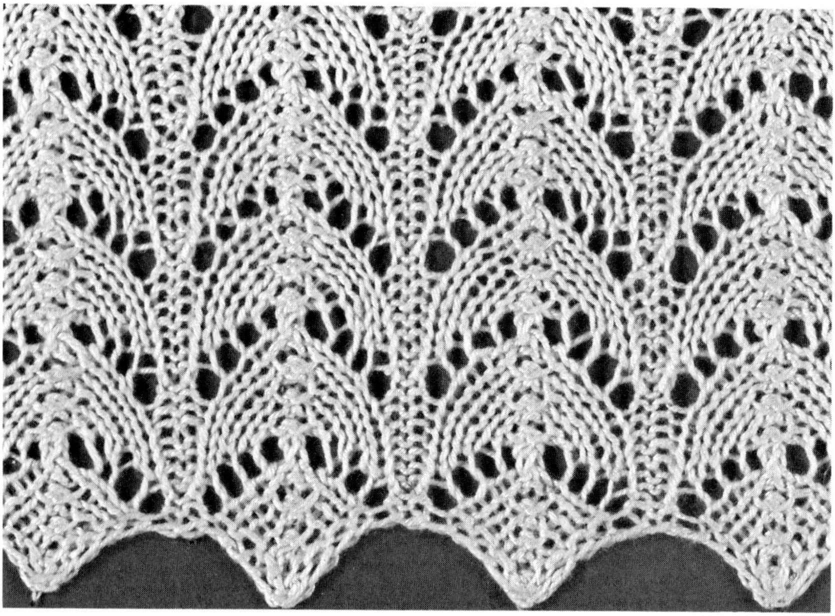

Muschelmodel

O O / O O 3 O / O O O / O O 3 O / O O O / O O 2
O / O O O 3 O O / O / O O O 3 O O / O / O O O 2
/ O O O / 3 O O O / O O O / 3 O O O / O O O / 2
O / O / O 3 O O O O / O / O 3 O O O O / O / O 2
O O / O O 3 O / O O O / O O 3 O / O O O / O O 2
O / O O O 3 O O / O / O O O 3 O O / O / O O O 2
/ O O O / 3 O O O / O O O / 3 O O O / O O O / 2
O / O / O 3 O O O O / O / O 3 O O O O / O / O 2
O O / O O 3 O / O O O / O O 3 O / O O O / O O 2
O / O O O 3 O O / O / O O O 3 O O / O / O O O 2
/ O O O / 3 O O O / O O O / 3 O O O / O O O / 2
O / O / O 3 O O O O / O / O 3 O O O O / O / O 2
O O / O O 3 O / O O O / O O 3 O / O O O / O O 2
O / O O O 3 O O / O / O O O 3 O O / O / O O O 2
/ O O O / 3 O O O / O O O / 3 O O O / O O O / 2
O / O / O 3 O O O O / O / O 3 O O O O / O / O 2

Jeder Musterreihe folgt eine Zwischenreihe, die so gestrickt wird, wie sich die Maschen zeigen. Die ersten senkrechten Randmaschen werden abweichend vom Muster gestrickt, um einen glatten Rand zu erzielen. Beim Rundstricken fallen sie fort.

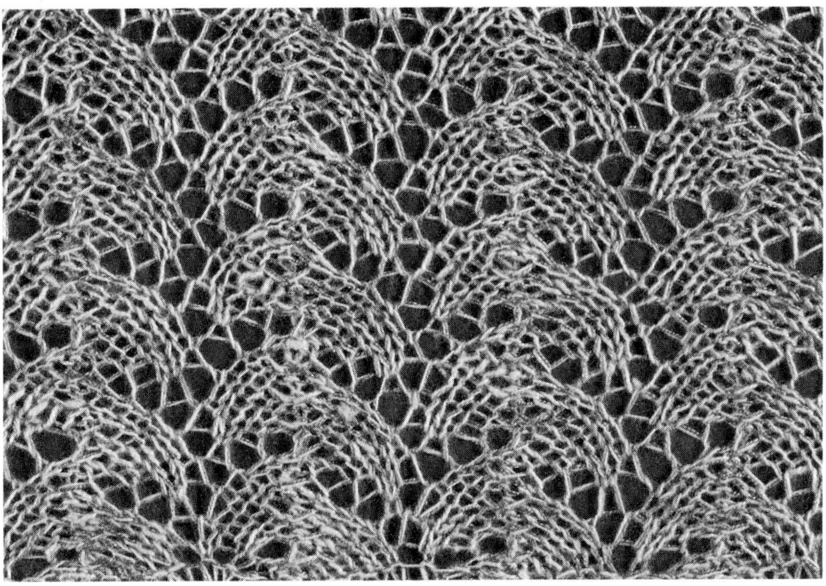

Der schöne Schuppenmodel

—	—	—	/	8	—	8	—	8	3	8	—	8	—	8	/	—	—	—
—	—	—	8	—	8	—	8	/	D	/	8	—	8	—	8	—	—	—
—	—	—	8	—	8	—	/	8	3	8	/	—	8	—	8	—	—	—
—	—	—	8	—	8	/	8	—	D	—	8	/	8	—	8	—	—	—
—	—	—	8	—	/	8	—	8	3	8	—	8	/	—	8	—	—	—
—	—	—	8	/	8	—	8	—	D	—	8	—	8	/	8	—	—	—
—	—	—	/	8	—	8	—	8	3	8	—	8	—	8	/	—	—	—
—	—	—	8	—	8	—	8	/	D	/	8	—	8	—	8	—	—	—
—	—	—	8	—	8	—	/	8	3	8	/	—	8	—	8	—	—	—
—	—	—	8	—	8	/	8	—	D	—	8	/	8	—	8	—	—	—
—	—	—	8	—	/	8	—	8	3	8	—	8	/	—	8	—	—	—
—	—	—	8	/	8	—	8	—	D	—	8	—	8	/	8	—	—	—
—	—	—	/	8	—	8	—	8	3	8	—	8	—	8	/	—	—	—

Jeder Musterreihe folgt eine Zwischenreihe, die so gestrickt wird, wie sich die Maschen zeigen.

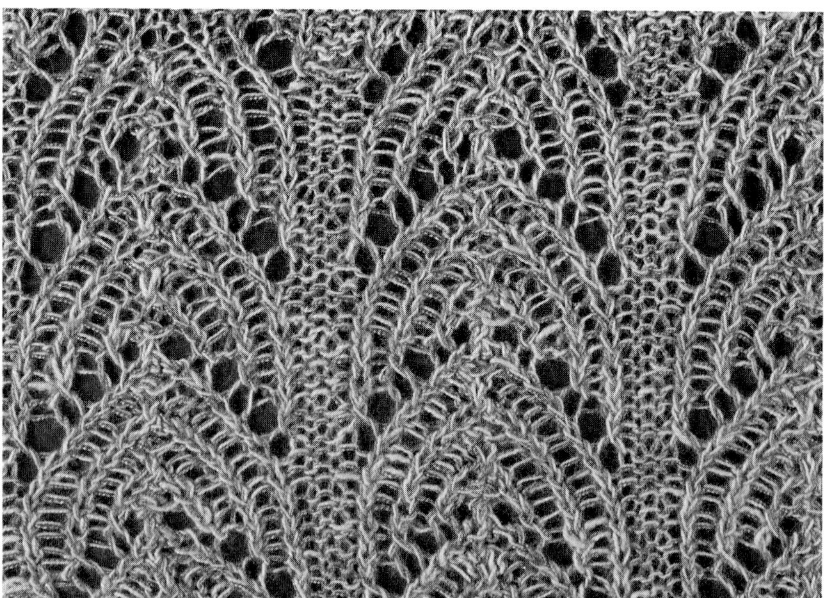

Rosenlaub oder Rosenblattl 1. Art

/	○	/	×	○	V	–	×	○	V	/	○	/	8	–	–	8
/	○	○	○	/	D	–	D	/	○	○	○	/	8	–	–	8
/	○	○	○	○	○	D	○	○	○	○	○	/	8	–	–	8
/	○	/	×	○	V	–	×	○	V	/	○	/	8	–	–	8
/	○	○	○	/	D	–	D	/	○	○	○	/	8	–	–	8
/	○	○	○	○	○	D	○	○	○	○	○	/	8	–	–	8
/	○	/	×	○	V	–	×	○	V	/	○	/	8	–	–	8
/	○	○	○	/	D	–	D	/	○	○	○	/	8	–	–	8
/	○	○	○	○	○	D	○	○	○	○	○	/	8	–	–	8
/	○	/	×	○	V	–	×	○	V	/	○	/	8	–	–	8
/	○	○	○	/	D	–	D	/	○	○	○	/	8	–	–	8
/	○	○	○	○	○	D	○	○	○	○	○	/	8	–	–	8

Jeder Musterreihe folgt eine Zwischenreihe, die so gestrickt wird, wie sich die Maschen zeigen.

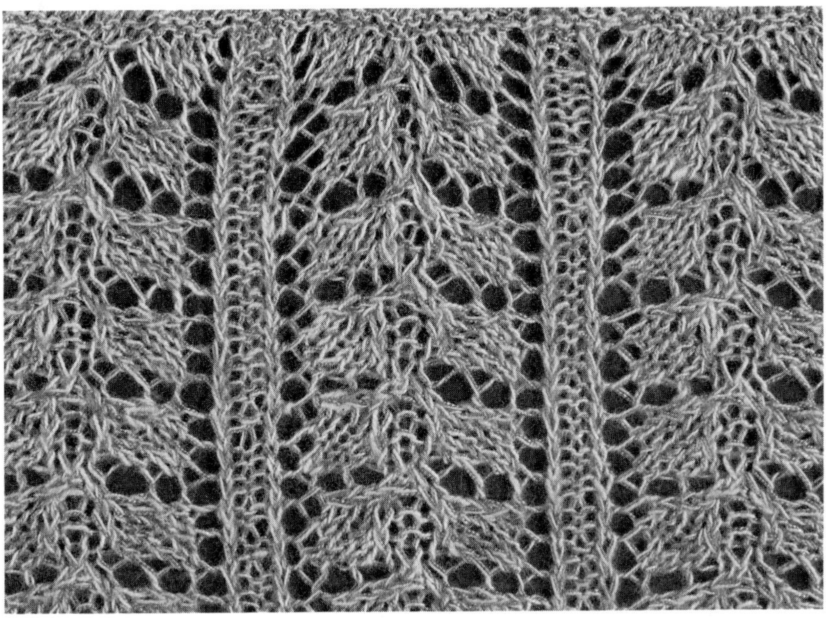

Rosenlaub oder Rosenblattl

2. Art 1830

/ O O – O O D O O – O O / 8 – – 8
/ O – O / D – D / O – O / 8 – – 8
/ O / X – V – X – V / O / 8 – – 8

3. Art 1841

/ O O O – V O / D / O X – O O O / 8 – – 8
/ O O O O O / D – D / O O O O O / 8 – – 8
/ O O O / V – X – V – X / O O O / 8 – – 8
/ O / O X – V O – O X – V O / O / 8 – – 8

4. Art 1846

/ X O V / O / X O V / 8 – – 8
/ X O V / O / X O V·/ 8 – – 8
/ X O V / D / X O V / 8 – – 8
/ O O O / X O V / O O O / 8 – – 8
/ O / D O O O D / O / 8 – – 8

5. Art 1852

/ X – V / – / X – V / 8 – – – V / – – – 8
/ X – V / – / X – V / 8 – – – / X – – – 8
/ X – V / D / X – V / 8 – – – V / – – – 8
/ O O O / X – V / O O O / 8 – – – / X – – – 8
/ O / D O – O D / O / 8 – – – V / – – – 8

Art 4 und 5: Die Maschenzahl des zweiten Ganges wird erst im dritten Gang durch Zusammenstricken ausgeglichen. Fotografie zeigt die 5. Art des Rosenblattels. Jeder Musterreihe folgt eine Zwischenreihe, die so gestrickt wird, wie sich die Maschen zeigen.

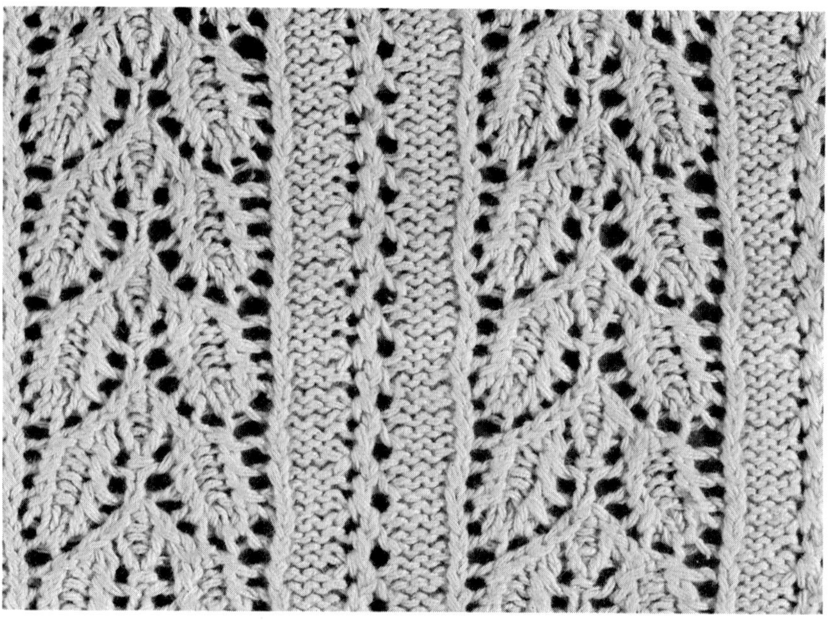

Die große Pfauenfeder

Sehr bekanntes Volkskunstmuster und in vielen Abarten vertreten

O	/	O	/	2	2	2	2	O	/	O	/	O	/	O	/	2	2	2	2	O	/	O	/
O	O	O	O	O	O	O	O	O	O	O	O	O	O	O	O	O	O	O	O	O	O	O	O
O	/	O	/	2	2	2	2	O	/	O	/	O	/	O	/	2	2	2	2	O	/	O	/
O	O	O	O	O	O	O	O	O	O	O	O	O	O	O	O	O	O	O	O	O	O	O	O
O	/	O	/	2	2	2	2	O	/	O	/	O	/	O	/	2	2	2	2	O	/	O	/
O	O	O	O	O	O	O	O	O	O	O	O	O	O	O	O	O	O	O	O	O	O	O	O
O	/	O	/	2	2	2	2	O	/	O	/	O	/	O	/	2	2	2	2	O	/	O	/
O	O	O	O	O	O	O	O	O	O	O	O	O	O	O	O	O	O	O	O	O	O	O	O
O	/	O	/	2	2	2	2	O	/	O	/	O	/	O	/	2	2	2	2	O	/	O	/
O	O	O	O	O	O	O	O	O	O	O	O	O	O	O	O	O	O	O	O	O	O	O	O
O	/	O	/	2	2	2	2	O	/	O	/	O	/	O	/	2	2	2	2	O	/	O	/

Jeder Musterreihe folgt eine Zwischenreihe, die so gestrickt wird, wie sich die Maschen zeigen. Jeder Musterreihe können auch beliebig mehrere Zwischenreihen folgen. Das Muster ergibt runde Zacken, wie auf der Fotografie ersichtlich.

Die Fischgräten

Sehr bekanntes Volkskunstmuster und in vielen Abarten vertreten

O	/	O	O	3	O	O	/	O	/	O	O	3	O	O	/	O	/	O	O	3	O	O	/	O
O	/	O	O	3	O	O	/	O	/	O	O	3	O	O	/	O	/	O	O	3	O	O	/	O
O	/	O	O	3	O	O	/	O	/	O	O	3	O	O	/	O	/	O	O	3	O	O	/	O
O	/	O	O	3	O	O	/	O	/	O	O	3	O	O	/	O	/	O	O	3	O	O	/	O
O	/	O	O	3	O	O	/	O	/	O	O	3	O	O	/	O	/	O	O	3	O	O	/	O
O	/	O	O	3	O	O	/	O	/	O	O	3	O	O	/	O	/	O	O	3	O	O	/	O
O	/	O	O	3	O	O	/	O	/	O	O	3	O	O	/	O	/	O	O	3	O	O	/	O
O	/	O	O	3	O	O	/	O	/	O	O	3	O	O	/	O	/	O	O	3	O	O	/	O
O	/	O	O	3	O	O	/	O	/	O	O	3	O	O	/	O	/	O	O	3	O	O	/	O
O	/	O	O	3	O	O	/	O	/	O	O	3	O	O	/	O	/	O	O	3	O	O	/	O
O	/	O	O	3	O	O	/	O	/	O	O	3	O	O	/	O	/	O	O	3	O	O	/	O

Immer gleicher Mustersatz.

Jeder Musterreihe folgt eine Zwischenreihe, die so gestrickt wird, wie sich die Maschen zeigen. Man kann auch beliebig nach jeder Musterreihe mehrere Reihen rechts stricken, dann wird das Muster etwas dichter.

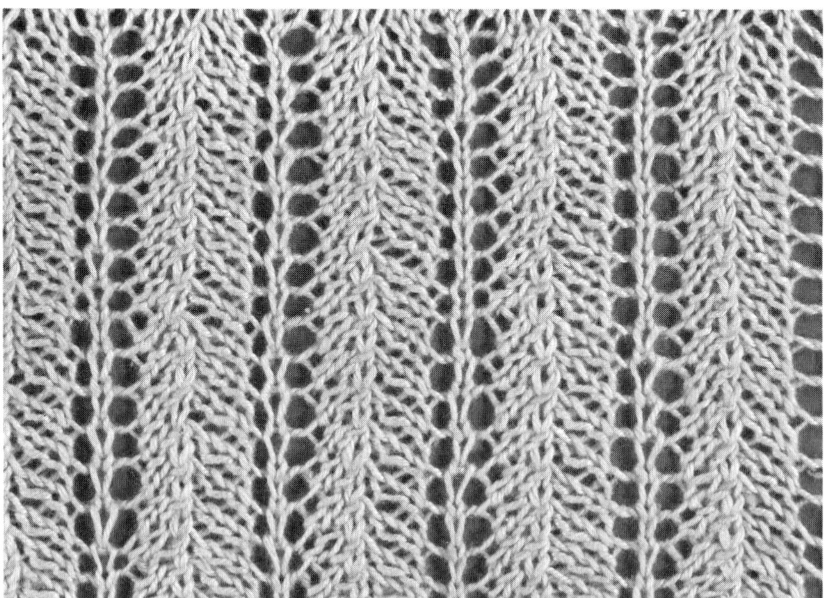

Abart der Fischgräten

/ ○ ○ ○ × - - - / ○ ○ ○ × - - - / ○ ○ ○ × - - -
/ ○ ○ × ○ - - - / ○ ○ × ○ - - - / ○ ○ × ○ - - -
/ ○ × ○ ○ - - - / ○ × ○ ○ - - - / ○ × ○ ○ - - -
/ × ○ ○ ○ - - - / × ○ ○ ○ - - - / × ○ ○ ○ - - -
× ○ ○ ○ / - - - × ○ ○ ○ / - - - × ○ ○ ○ / - - -
○ V ○ ○ / - - - ○ V ○ ○ / - - - ○ V ○ ○ / - - -
○ ○ V ○ / - - - ○ ○ V ○ / - - - ○ ○ V ○ / - - -
○ ○ ○ V / - - - ○ ○ ○ V / - - - ○ ○ ○ V / - - -
/ ○ ○ ○ × - - - / ○ ○ ○ × - - - / ○ ○ ○ × - - -
/ ○ ○ × ○ - - - / ○ ○ × ○ - - - / ○ ○ × ○ - - -
/ ○ × ○ ○ - - - / ○ × ○ ○ - - - / ○ × ○ ○ - - -
/ × ○ ○ ○ - - - / × ○ ○ ○ - - - / × ○ ○ ○ - - -
× ○ ○ ○ / - - - × ○ ○ ○ / - - - × ○ ○ ○ / - - -
○ V ○ ○ / - - - ○ V ○ ○ / - - - ○ V ○ ○ / - - -
○ ○ V ○ / - - - ○ ○ V ○ / - - - ○ ○ V ○ / - - -
○ ○ ○ V / - - - ○ ○ ○ V / - - - ○ ○ ○ V / - - -

Jeder Musterreihe folgt eine Zwischenreihe, die so gestrickt wird, wie sich die Maschen zeigen.

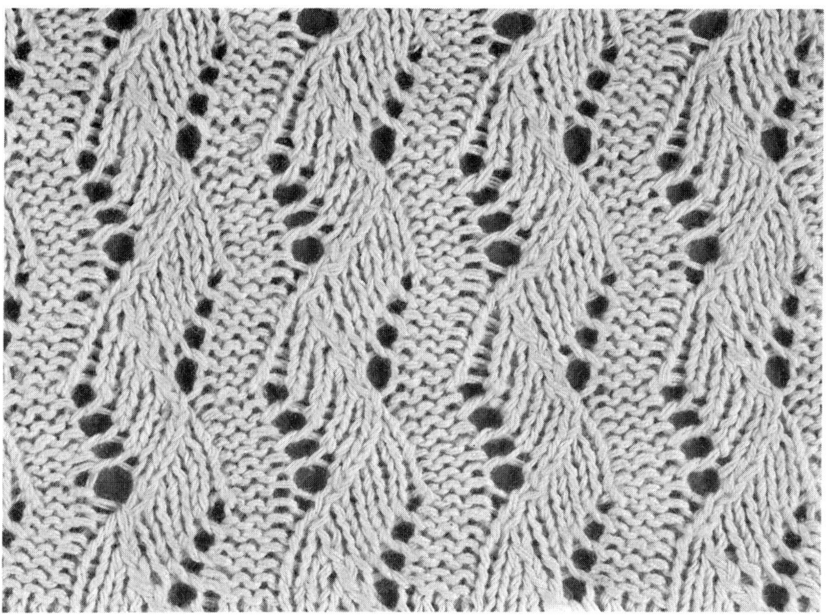

Ganz feine Fischgräten

O	/	O	3	O	/	O	/	O	3	O	/	O	/	O	3	O	/	O
O	/	O	3	O	/	O	/	O	3	O	/	O	/	O	3	O	/	O
O	/	O	3	O	/	O	/	O	3	O	/	O	/	O	3	O	/	O
O	/	O	3	O	/	O	/	O	3	O	/	O	/	O	3	O	/	O
O	O	O	O	O	O	O	O	O	O	O	O	O	O	O	O	O	O	O
O	O	O	O	O	O	O	O	O	O	O	O	O	O	O	O	O	O	O
O	/	O	3	O	/	O	/	O	3	O	/	O	/	O	3	O	/	O
O	/	O	3	O	/	O	/	O	3	O	/	O	/	O	3	O	/	O
O	/	O	3	O	/	O	/	O	3	O	/	O	/	O	3	O	/	O
O	/	O	3	O	/	O	/	O	3	O	/	O	/	O	3	O	/	O
O	O	O	O	O	O	O	O	O	O	O	O	O	O	O	O	O	O	O
O	O	O	O	O	O	O	O	O	O	O	O	O	O	O	O	O	O	O

Sehr schönes Muster für Kindersachen, mit feinem Garn oder Wolle zu stricken. Jeder Musterreihe folgt eine Zwischenreihe, die so gestrickt wird, wie sich die Maschen zeigen.

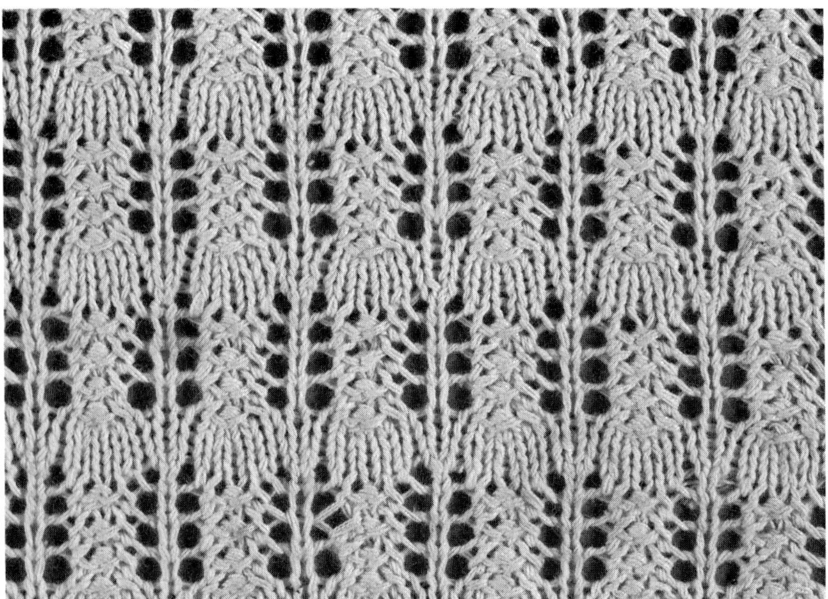

Der Baum. (Eine Abart der Fischgräten)

O / - - O O X X O O - - / O / - - O O X X O O - - / O
O / - O O - X X - O O - / O / - O O - X X - O O - / O
O / O O - - X X - - O O / O / O O - - X X - - O O / O
O / O - - O X X O - - O / O / O - - O X X O - - O / O
O / - - O O X X O O - - / O / - - O O X X O O - - / O
O / - O O - X X - O O - / O / - O O - X X - O O - / O
O / O O - - X X - - O O / O / O O - - X X - - O O / O
O / O - - O X X O - - O / O / O - - O X X O - - O / O
O / - - O O X X O O - - / O / - - O O X X O O - - / O
O / - O O - X X - O O - / O / - O O - X X - O O - / O
O / O O - - X X - - O O / O / O O - - X X - - O O / O
O / O - - O X X O - - O / O / O - - O X X O - - O / O
O / - - O O X X O O - - / O / - - O O X X O O - - / O
O / - O O - X X - O O - / O / - O O - X X - O O - / O
O / O O - - X X - - O O / O / O O - - X X - - O O / O
O / O - - - X X - - - O / O / O - - - X X - - - O / O

Jeder Musterreihe folgt eine Zwischenreihe, die so gestrickt wird, wie sich die Maschen zeigen.

Sehr schöne Lückerlzwischenstreifen

die sich nach Belieben verbreitern lassen

Der Schleier	**Das russische Nahtel oder die Hexentreppe**
— — O O — —	— — — O O / X — — —
— — V / — —	— — — V / O O — — —
— — O O — —	— — — O O / X — — —
— — / X — —	— — — V / O O — — —
— — O O — —	— — — O O / X — — —
— — V / — —	— — — V / O O — — —
— — O O — —	— — — O O / X — — —
— — / X — —	— — — V / O O — — —
— — O O — —	— — — O O / X — — —

Fotografie zeigt links das Schleiermuster und rechts das russische Nahtel (Nähtchen).

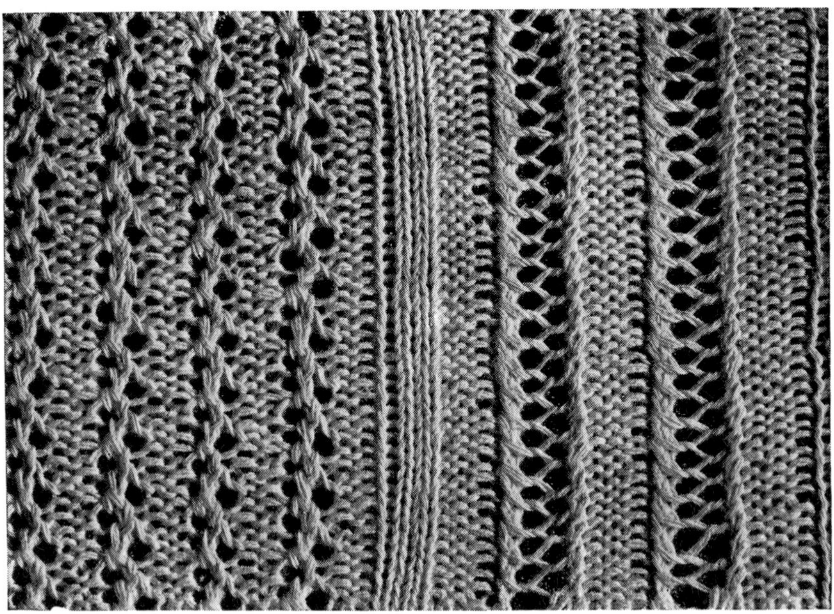

Das versetzte russische Nahtel

```
-----OO/X-----OO/X-----OO/X
-----V/OO-----V/OO-----V/OO
-----OO/X-----OO/X-----OO/X
-----V/OO-----V/OO-----V/OO
-----OO/X-----OO/X-----OO/X
-----V/OO-----V/OO-----V/OO
OO/X-----OO/X-----OO/X-----
V/OO-----V/OO-----V/OO-----
OO/X-----OO/X-----OO/X-----
V/OO-----V/OO-----V/OO-----
OO/X-----OO/X-----OO/X-----
V/OO-----V/OO-----V/OO-----
```

Die Zwischengänge sind aufgezeichnet.

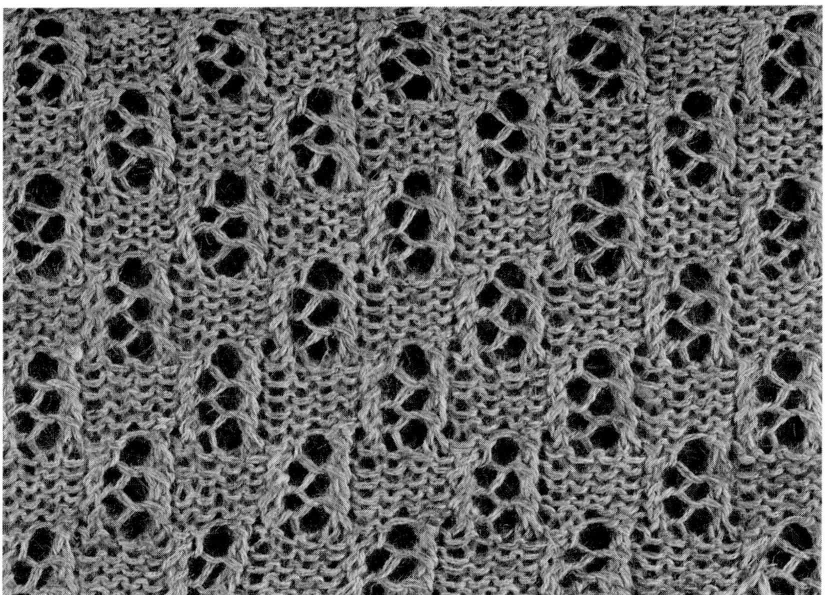

Bäumel und russisches Nahtel

O O / X	O O O / O O O X V O O O / O O O	O O / X
V / O O	O O / O O O X O O V O O O / O O	V / O O
O O / X	O / O O O X O O O O V O O O / O	O O / X
V / O O	/ O O O X O O O O O O V O O O /	V / O O
O O / X	O O O / O O O X V O O O / O O O	O O / X
V / O O	O O / O O O X O O V O O O / O O	V / O O
O O / X	O / O O O X O O O O V O O O / O	O O / X
V / O O	/ O O O X O O O O O O V O O O /	V / O O
O O / X	O O O / O O O X V O O O / O O O	O O / X
V / O O	O O / O O O X O O V O O O / O O	V / O O
O O / X	O / O O O X O O O O V O O O / O	O O / X
V / O O	/ O O O X O O O O O O V O O O /	V / O O

Das mittlere Muster ist das Bäumel.

Hier folgt jeder Musterreihe eine Zwischenreihe, die so gestrickt wird, wie sich die **Maschen zeigen.** Die Seitenstreifen bilden das russische Nahtel. Es wird ohne Zwischenreihe gestrickt. Beim Flachstricken ist dann jeweils die Reihe mit dem X-Zeichen die linke Seite, und die Reihe mit dem V-Zeichen die rechte Seite. Während also das Bäumel ein über die andere Nadel gemustert wird, muß der russische Nahtel auf jeder Nadel gemustert werden.

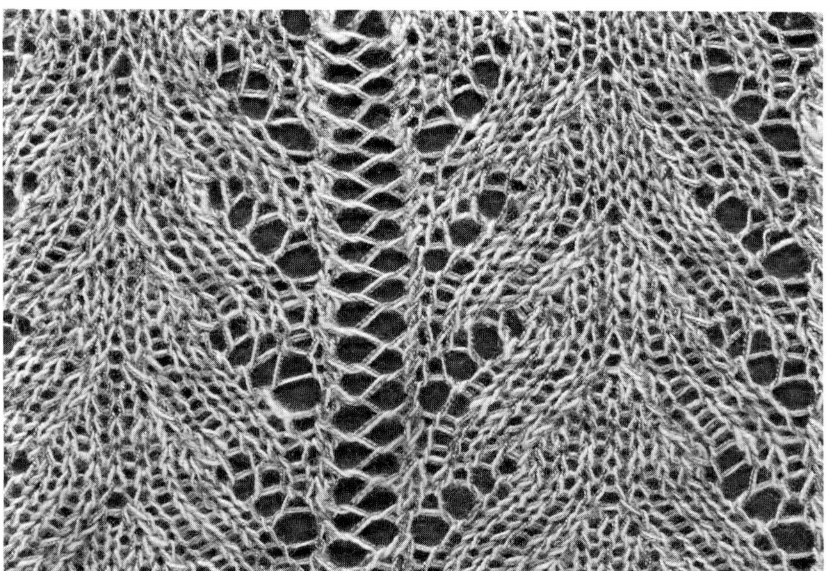

Lorbeerblatt. (Ein bekannter Füllmodel)

O / O O O D O O O / O / O O O D O O O / O / O O O X
O / O O X O V O O / O / O O X O V O O / O / O O X O
O / O X O O O V O / O / O X O O O V O / O / O X O O
O / X O O O O O V / O / X O O O O O V / O / X O O O
V O O O / O / O O O D O O O / O / O O O D O O O / O
O V O O / O / O O X O V O O / O / O O X O V O O / O
O O V O / O / O X O O O V O / O / O X O O O V O / O
O O O V / O / X O O O O O V / O / X O O O O O V / O
O / O O O D O O O / O / O O O D O O O / O / O O O X
O / O O X O V O O / O / O O X O V O O / O / O O X O
O / O X O O O V O / O / O X O O O V O / O / O X O O
O / X O O O O O V / O / X O O O O O V / O / X O O O
V O O O / O / O O O D O O O / O / O O O D O O O / O
O V O O / O / O O X O V O O / O / O O X O V O O / O
O O V O / O / O X O O O V O / O / O X O O O V O / O
O O O V / O / X O O O O O V / O / X O O O O O V / O

Jeder Musterreihe folgt eine Zwischenreihe, die so gestrickt wird, wie sich die Maschen zeigen. Die ersten und letzten senkrechten Randmaschen weichen etwas vom Muster ab, damit beim Flachstricken ein glatter Rand entsteht. Beim Rundstricken fällt diese Abweichung fort, genau das Muster beachten.

Das kleine Lorbeerblatt

O / O D O / O / O D O / O / O D O / O / O D O / O
O / X O V / O / X O V / O / X O V / O / X O V / O
V O / O / O D O / O / O D O / O / O D O / O / O X
O V / O / X O V / O / X O V / O / X O V / O / X O
O / O D O / O / O D O / O / O D O / O / O D O / O
O / X O V / O / X O V / O / X O V / O / X O V / O
V O / O / O D O / O / O D O / O / O D O / O / O X
O V / O / X O V / O / X O V / O / X O V / O / X O
O / O D O / O / O D O / O / O D O / O / O D O / O
O / X O V / O / X O V / O / X O V / O / X O V / O
V O / O / O D O / O / O D O / O / O D O / O / O X
O V / O / X O V / O / X O V / O / X O V / O / X O
O / O D O / O / O D O / O / O D O / O / O D O / O
O / X O V / O / X O V / O / X O V / O / X O V / O

Jeder Musterreihe folgt eine Zwischenreihe, die so gestrickt wird, wie sich die Maschen zeigen. Die ersten und letzten senkrechten Randmaschen weichen etwas vom Muster ab, damit beim Flachstricken ein glatter Rand entsteht. Beim Rundstricken fällt diese Abweichung fort, genau das Muster beachten.

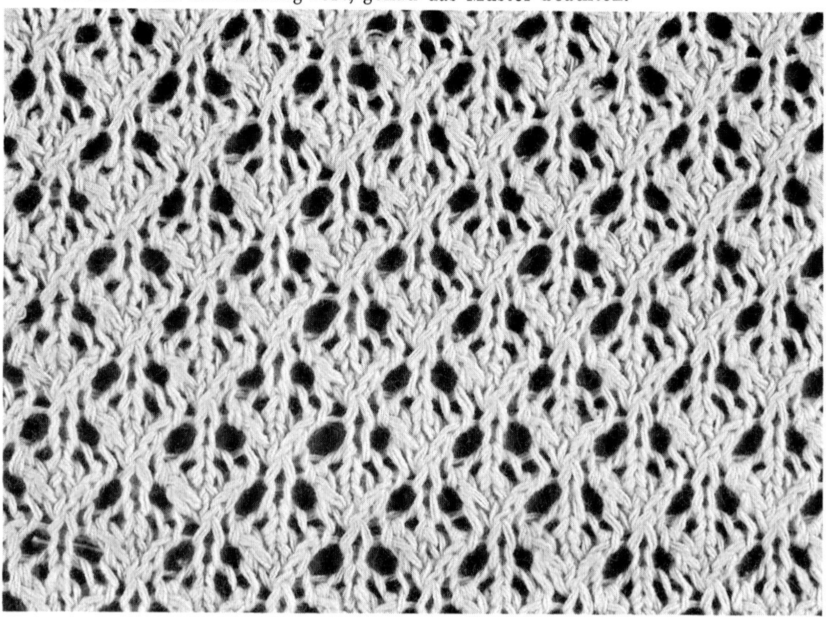

Abart des Lorbeerblattes

O / O O O D O O O / O / O O O D O O O / O

O / O O X – V O O / O / O O X – V O O / O

O / O X – – – V O / O / O X – – – V O / O

O / X – – – – – V / O / X – – – – – V / O

V O O O / O / O O O D O O O / O / O O O X

– V O O / O / O O X – V O O / O / O O X –

– – V O / O / O X – – – V O / O / O X – –

– – – V / O / X – – – – – V / O / X – – –

O / O O O D O O O / O / O O O D O O O / O

O / O O X – V O O / O / O O X – V O O / O

O / O X – – – V O / O / O X – – – V O / O

O / X – – – – – V / O / X – – – – – V / O

Jeder Musterreihe folgt eine Zwischenreihe, die so gestrickt wird, wie sich die Maschen zeigen.

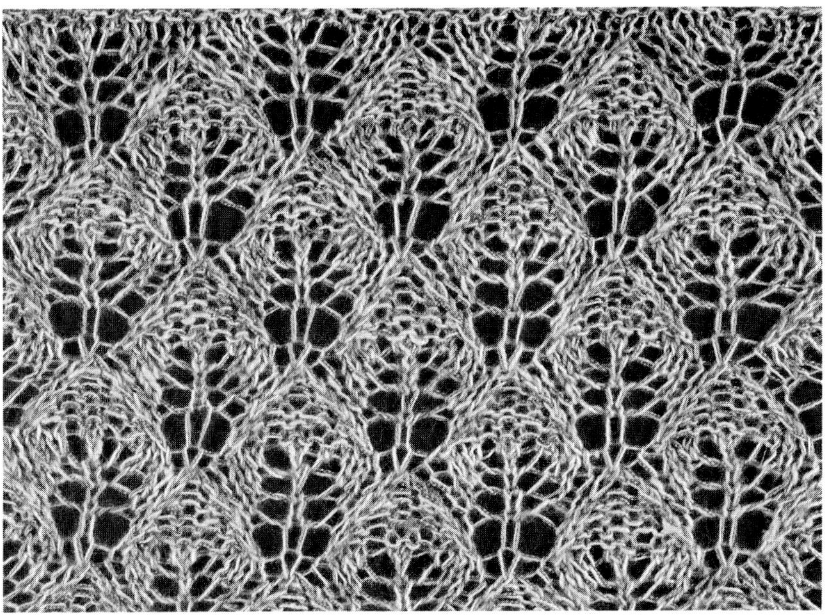

Feines Lorbeerblatt

O / O O O O O D O O O O O / O / O O O O O D O O O O O / O

O / O O O O × O V O O O O / O / O O O O × O V O O O O / O

O / O O O × O O O V O O O / O / O O O × O O O V O O O / O

O / O O × O O O O O V O O / O / O O × O O O O O V O O / O

O / O × O O O O O O O V O / O / O × O O O O O O O V O / O

O / × O O O O O O O O O V / O / × O O O O O O O O O V / O

V O O O O O / O / O O O O O D O O O O O / O / O O O O O ×

O V O O O O / O / O O O O × O V O O O O / O / O O O O × O

O O V O O O / O / O O O × O O O V O O O / O / O O O × O O

O O O V O O / O / O O × O O O O O V O O / O / O O × O O O

O O O O V O / O / O × O O O O O O O V O / O / O × O O O O

O O O O O V / O / × O O O O O O O O O V / O / × O O O O O

O / O O O O O D O O O O O / O / O O O O O D O O O O O / O

O / O O O O × O V O O O O / O / O O O O × O V O O O O / O

O / O O O × O O O V O O O / O / O O O × O O O V O O O / O

O / O O × O O O O O V O O / O / O O × O O O O O V O O / O

O / O × O O O O O O O V O / O / O × O O O O O O O V O / O

O / × O O O O O O O O O V / O / × O O O O O O O O O V / O

Jeder Musterreihe folgt eine Zwischenreihe, die so gestrickt wird, wie sich die Maschen zeigen.

Die Feder

O	V	/	O	O	O	O	O	/	X	V	/	O	O	O	O	O	/	X
O	V	O	/	O	O	O	/	O	X	V	O	/	O	O	O	/	O	X
O	V	O	O	/	O	/	O	O	X	V	O	O	/	O	/	O	O	X
O	V	O	O	/	O	/	O	O	X	V	O	O	/	O	/	O	O	X
O	V	O	O	/	O	/	O	O	X	V	O	O	/	O	/	O	O	X
O	V	O	O	/	O	/	O	O	X	V	O	O	/	O	/	O	O	X
O	V	O	O	/	O	/	O	O	X	V	O	O	/	O	/	O	O	X
O	V	O	O	/	V	/	O	O	O	V	O	O	/	V	/	O	O	X
O	O	O	/	X	V	/	O	O	O	O	O	/	X	V	/	O	O	O
O	O	/	O	X	V	O	/	O	O	O	/	O	X	V	O	/	O	O
O	/	O	O	X	V	O	O	/	O	/	O	O	X	V	O	O	/	O
O	/	O	O	X	V	O	O	/	O	/	O	O	X	V	O	O	/	O
O	/	O	O	X	V	O	O	/	O	/	O	O	X	V	O	O	/	O
O	/	O	O	X	V	O	O	/	O	/	O	O	X	V	O	O	/	O
O	/	O	O	X	V	O	O	/	O	/	O	O	X	V	O	O	/	O
O	/	O	O	O	V	O	O	/	V	/	O	O	O	V	O	O	/	O

Jeder Musterreihe folgt eine Zwischenreihe, die so gestrickt wird, wie sich die Maschen zeigen.

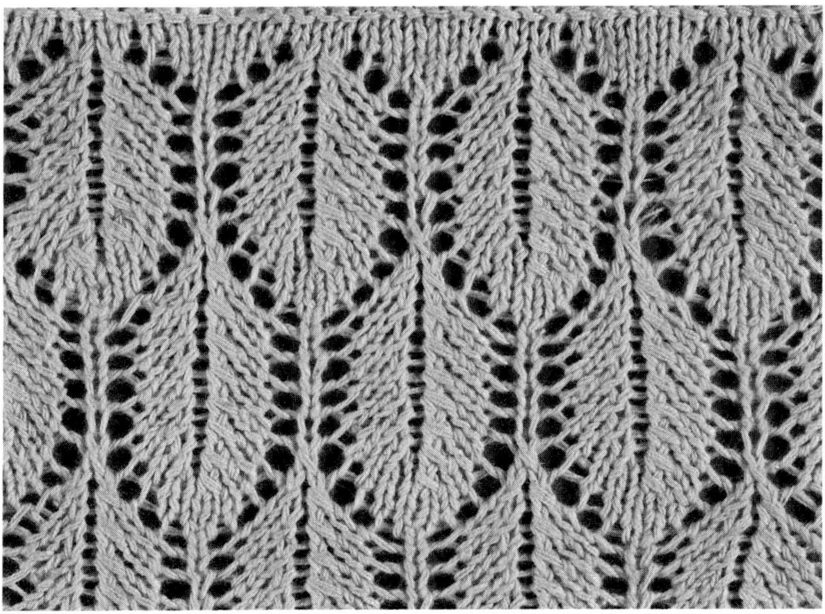

Wanzen im Dreieck

— —

— —

O O / D / O / D / O O O / D / O / D / O O
V / O O O O O O O / D / O O O O O O O / X
V O / O / D / O / O D O / O / D / O / O X
V O O / O O O / O O D O O / O O O / O O X
V O O O / O / O O O D O O O / O / O O O X

— —

— —

O O / D / O / D / O O O / D / O / D / O O
V / O O O O O O O / D / O O O O O O O / X
V O / O / D / O / O D O / O / D / O / O X
V O O / O O O / O O D O O / O O O / O O X
V O O O / O / O O O D O O O / O / O O O X

Jeder Musterreihe folgt eine Zwischenreihe, die so gestrickt wird, wie sich die Maschen zeigen. Die ersten und letzten senkrechten Randmaschen weichen etwas vom Muster ab, damit beim Flachstricken ein glatter Rand entsteht. Beim Rundstricken fällt diese Abweichung fort, genau das Muster beachten.

Fuchsienblüte

V	/	O	O	O	O	O	O	O	/	D	/	O	O	O	O	O	O	O	/	X
V	O	/	O	/	D	/	O	/	O	D	O	/	O	/	D	/	O	/	O	X
V	O	O	/	O	O	O	/	O	O	D	O	O	/	O	O	O	/	O	O	X
V	O	O	O	/	O	/	O	O	O	D	O	O	O	/	O	/	O	O	O	X
O	O	O	O	O	O	O	O	O	O	O	O	O	O	O	O	O	O	O	O	O
O	/	D	/	O	O	O	/	D	/	O	/	D	/	O	O	O	/	D	/	O
O	O	O	O	/	D	/	O	O	O	O	O	O	O	/	D	/	O	O	O	O
V	/	O	/	O	D	O	/	O	/	D	/	O	/	O	D	O	/	O	/	X
O	O	/	O	O	D	O	O	/	O	O	O	/	O	O	D	O	O	/	O	O
O	/	O	O	O	D	O	O	O	/	O	/	O	O	O	D	O	O	O	/	O
O	O	O	O	O	O	O	O	O	O	O	O	O	O	O	O	O	O	O	O	O
O	O	/	D	/	O	/	D	/	O	O	O	/	D	/	O	/	D	/	O	O
V	/	O	O	O	O	O	O	O	/	D	/	O	O	O	O	O	O	O	/	X
V	O	/	O	/	D	/	O	/	O	D	O	/	O	/	D	/	O	/	O	X
V	O	O	/	O	O	O	/	O	O	D	O	O	/	O	O	O	/	O	O	X
V	O	O	O	/	O	/	O	O	O	D	O	O	O	/	O	/	O	O	O	X

Jeder Musterreihe folgt eine Zwischenreihe, die so gestrickt wird, wie sich die Maschen zeigen. Die ersten und letzten senkrechten Randmaschen weichen etwas vom Muster ab, damit beim Flachstricken ein glatter Rand entsteht. Beim Rundstricken fällt diese Abweichung fort, genau das Muster beachten.

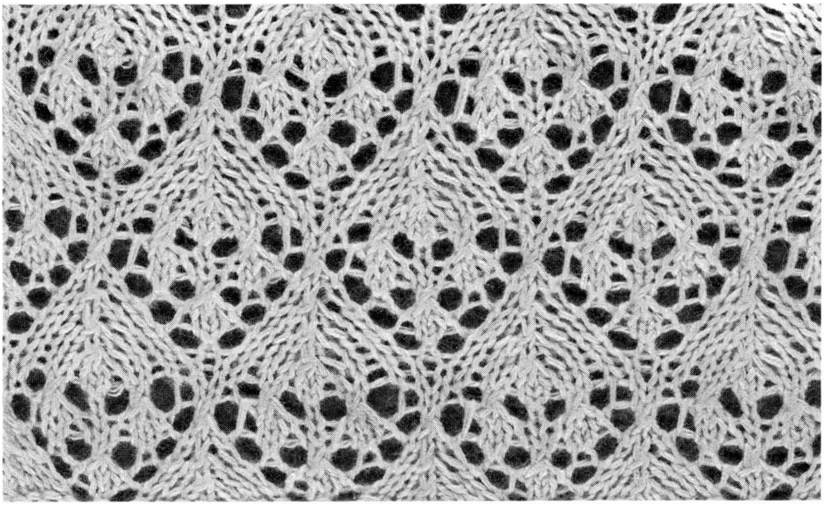

Versetzte kleine Streifenwanzen

```
OO---OO/D/OO---OO/D/OO---OO
OO---V/OOO/X---V/OOO/X---OO
OO---OO/D/OO---OO/D/OO---OO
OO---V/OOO/X---V/OOO/X---OO
OO---OO/D/OO---OO/D/OO---OO
OO/D/OO---OO/D/OO---OO/D/OO
V/OOO/X---V/OOO/X---V/OOO/X
OO/D/OO---OO/D/OO---OO/D/OO
V/OOO/X---V/OOO/X---V/OOO/X
OO/D/OO---OO/D/OO---OO/D/OO
OO---OO/D/OO---OO/D/OO---OO
OO---V/OOO/X---V/OOO/X---OO
OO---OO/D/OO---OO/D/OO---OO
OO---V/OOO/X---V/OOO/X---OO
OO---OO/D/OO---OO/D/OO---OO
```

Jeder Musterreihe folgt eine Zwischenreihe, die so gestrickt wird, wie sich die Maschen zeigen.

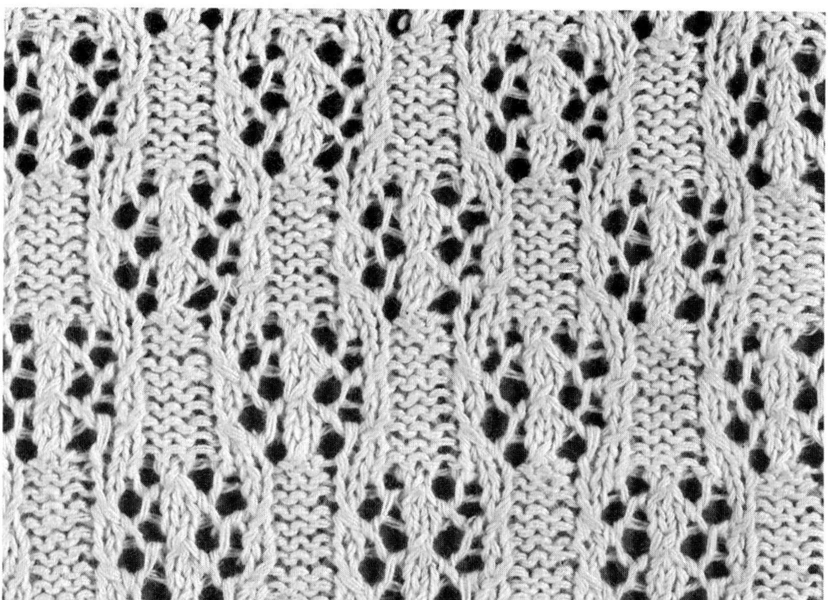

Die Wanzen als Streifenmuster

```
– O O O / D / O O O – – O O O / D / O O O –
– O O / X O V / O O – – O O / X O V / O O –
– O / X O O O V / O – – O / X O O O V / O –
– V / O O O O O / X – – V / O O O O O / X –
– O V / O O O / X O – – O V / O O O / X O –
– O O V / O / X O O – – O O V / O / X O O –
– O O O / D / O O O – – O O O / D / O O O –
– O O / X O V / O O – – O O / X O V / O O –
– O / X O O O V / O – – O / X O O O V / O –
– V / O O O O O / X – – V / O O O O O / X –
```

Jeder Musterreihe folgt eine Zwischenreihe, die so gestrickt wird, wie sich die Maschen zeigen.

Kleine Streifenwanzen

```
OO/D/OO--OO/D/OO--OO/D/OO
V/OOO/X--V/OOO/X--V/OOO/X
OO/D/OO--OO/D/OO--OO/D/OO
V/OOO/X--V/OOO/X--V/OOO/X
OO/D/OO--OO/D/OO--OO/D/OO
V/OOO/X--V/OOO/X--V/OOO/X
OO/D/OO--OO/D/OO--OO/D/OO
V/OOO/X--V/OOO/X--V/OOO/X
OO/D/OO--OO/D/OO--OO/D/OO
V/OOO/X--V/OOO/X--V/OOO/X
OO/D/OO--OO/D/OO--OO/D/OO
V/OOO/X--V/OOO/X--V/OOO/X
OO/D/OO--OO/D/OO--OO/D/OO
```

Jeder Musterreihe folgt eine Zwischenreihe, die so gestrickt wird, wie sich die Maschen zeigen. Dieses Muster eignet sich gut als Strumpfmuster.

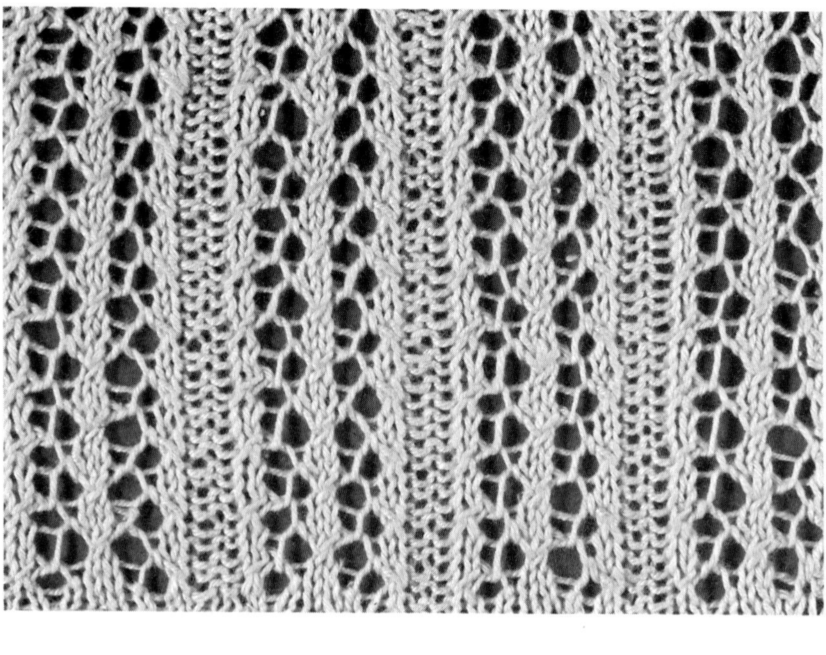

Hohe Leiter mit kleinen Wanzen

O / D / O / D / O / D / O / D / O / D / O

/ O O V / O O V / O O V / O O V / O O V /

V / O / D / O / D / O / D / O / D / O / X

O V / O O V / O O V / O O V / O O V / O O

O / D / O / D / O / D / O / D / O / D / O

/ O O V / O O V / O O V / O O V / O O V /

V / O / D / O / D / O / D / O / D / O / X

O V / O O V / O O V / O O V / O O V / O O

O / D / O / D / O / D / O / D / O / D / O

/ O O V / O O V / O O V / O O V / O O V /

V / O / D / O / D / O / D / O / D / O / X

O V / O O V / O O V / O O V / O O V / O O

O / D / O / D / O / D / O / D / O / D / O

Jeder Musterreihe folgt eine Zwischenreihe, die so gestrickt wird, wie sich die Maschen zeigen.

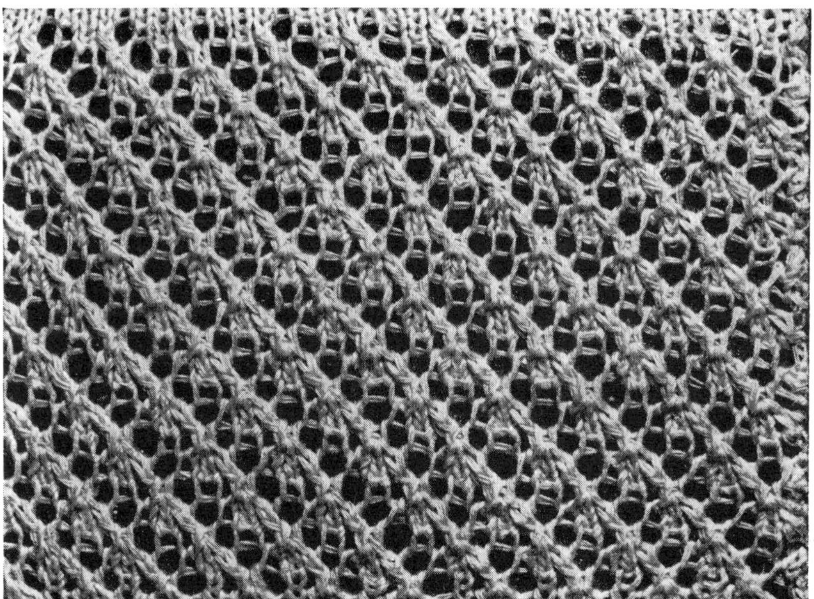

Wanzen und Federn

O V / O / X O V / O / X O V / O / X O V / O / X O

O V / O / X O V / O / X O V / O / X O V / O / X O

O O / D / O O O / D / O O O / D / O O O / D / O O

O / X O V / O / X O V / O / X O V / O / X O V / O

V / O O O / D / O O O / D / O O O / D / O O O / X

O V / O / X O V / O / X O V / O / X O V / O / X O

O V / O / X O V / O / X O V / O / X O V / O / X O

O V / O / X O V / O / X O V / O / X O V / O / X O

O V / O / X O V / O / X O V / O / X O V / O / X O

O V / O / X O V / O / X O V / O / X O V / O / X O

O O / D / O O O / D / O O O / D / O O O / D / O O

O / X O V / O / X O V / O / X O V / O / X O V / O

V / O O O / D / O O O / D / O O O / D / O O O / X

O V / O / X O V / O / X O V / O / X O V / O / X O

O V / O / X O V / O / X O V / O / X O V / O / X O

O V / O / X O V / O / X O V / O / X O V / O / X O

Jeder Musterreihe folgt eine Zwischenreihe, die so gestrickt wird, wie sich die Maschen zeigen. Die ersten und letzten senkrechten Randmaschen weichen etwas vom Muster ab, damit beim Flachstricken ein glatter Rand entsteht. Beim Rundstricken fällt diese Abweichung fort, genau das Muster beachten.

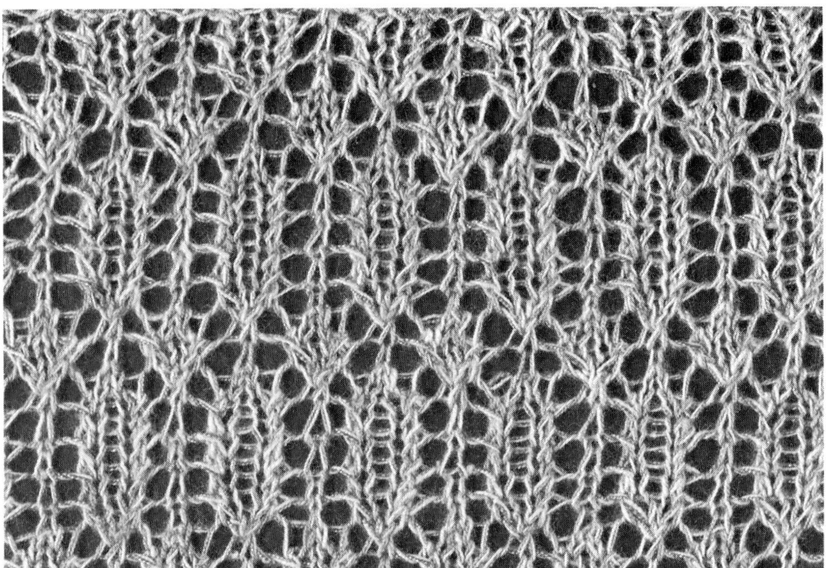

Geteilte Wanzen

```
V / – – – – 8 – – – – / D / – – – – 8 – – – – / X
– V / – – – 8 – – – / X – V / – – – 8 – – – / X –
– O V / – – 8 – – / X O – O V / – – 8 – – / X O –
– O O V / – 8 – / X O O – O O V / – 8 – / X O O –
– O O O V / 8 / X O O O – O O O V / 8 / X O O O –
– O O O O / D / O O O O – O O O O / D / O O O O –
– O O O / X 8 V / O O O – O O O / X 8 V / O O O –
– O O / X – 8 – V / O O – O O / X – 8 – V / O O –
– O / X – – 8 – – V / O – O / X – – 8 – – V / O –
– / X – – – 8 – – – V / – / X – – – 8 – – – V / –
V / – – – – 8 – – – – / D / – – – – 8 – – – – / X
```

Die ersten und letzten senkrechten Randmaschen weichen etwas vom Muster **ab**, damit beim Flachstricken ein glatter Rand entsteht. Sie werden auch nur beim **Flach**stricken als Randmaschen gestrickt. Beim Rundstricken fallen sie fort. Jeder Musterreihe folgt eine Zwischenreihe, die so gestrickt wird, wie sich die Maschen zeigen.

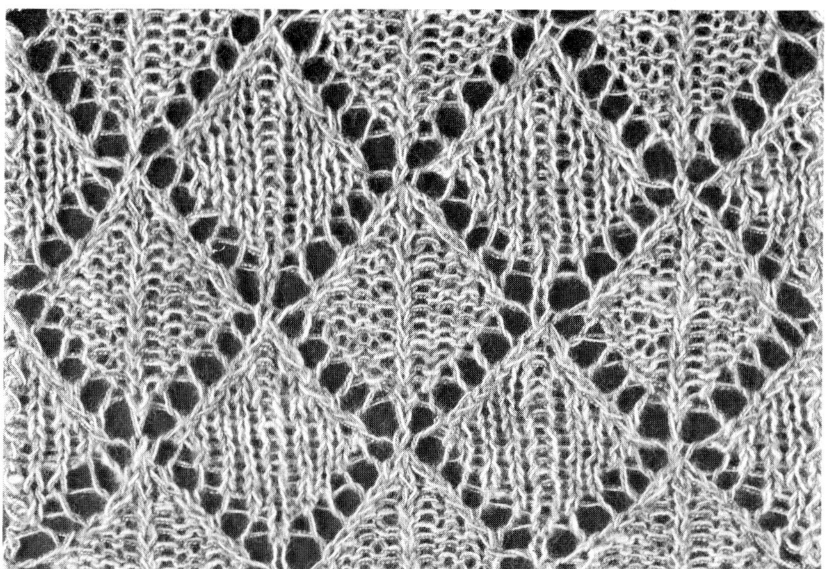

Glatte Wanzen

O	O	O	/	D	/	O	O	O	O	O	/	D	/	O	O	O	O	O	/	D	/	O	O	O
O	O	/	X	O	V	/	O	O	O	/	X	O	V	/	O	O	O	/	X	O	V	/	O	O
O	/	X	O	O	O	V	/	O	/	X	O	O	O	V	/	O	/	X	O	O	O	V	/	O
V	/	O	O	O	O	O	/	D	/	O	O	O	O	O	/	D	/	O	O	O	O	O	/	X
O	V	/	O	O	O	/	X	O	V	/	O	O	O	/	X	O	V	/	O	O	O	/	X	O
O	O	V	/	O	/	X	O	O	O	V	/	O	/	X	O	O	O	V	/	O	/	X	O	O
O	O	O	/	D	/	O	O	O	O	O	/	D	/	O	O	O	O	O	/	D	/	O	O	O
O	O	/	X	O	V	/	O	O	O	/	X	O	V	/	O	O	O	/	X	O	V	/	O	O
O	/	X	O	O	O	V	/	O	/	X	O	O	O	V	/	O	/	X	O	O	O	V	/	O
V	/	O	O	O	O	O	/	D	/	O	O	O	O	O	/	D	/	O	O	O	O	O	/	X
O	V	/	O	O	O	/	X	O	V	/	O	O	O	/	X	O	V	/	O	O	O	/	X	O
O	O	V	/	O	/	X	O	O	O	V	/	O	/	X	O	O	O	V	/	O	/	X	O	O
O	O	O	/	D	/	O	O	O	O	O	/	D	/	O	O	O	O	O	/	D	/	O	O	O
O	O	/	X	O	V	/	O	O	O	/	X	O	V	/	O	O	O	/	X	O	V	/	O	O
O	/	X	O	O	O	V	/	O	/	X	O	O	O	V	/	O	/	X	O	O	O	V	/	O
V	/	O	O	O	O	O	/	D	/	O	O	O	O	O	/	D	/	O	O	O	O	O	/	X

Jeder Musterreihe folgt eine Zwischenreihe, die so gestrickt wird, wie sich die Maschen zeigen. Die ersten und letzten Randmaschen der Stricktafel werden etwas abweichend vom Muster gestrickt, um einen glatten Rand beim Flachstricken zu erzielen. Beim Rundstricken fallen sie fort, dann genau das Muster beachten.

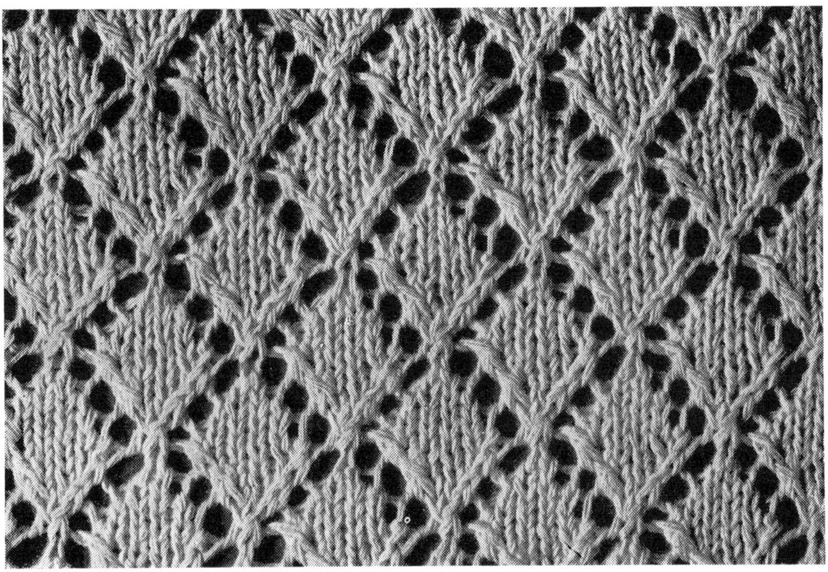

Käfermodel

V / O O O O O / D / O O O O O / D / O O O O O / X

O V / O O O / X O V / O O O / X O V / O O O / X O

O O V / O / X O O O V / O / X O O O V / O / X O O

O O V / O / X O O O V / O / X O O O V / O / X O O

O O V / O / X O O O V / O / X O O O V / O / X O O

O O O / D / O O O O O / D / O O O O O / D / O O O

O O / X O V / O O O / X O V / O O O / X O V / O O

O / X O O O V / O / X O O O V / O / X O O O V / O

O / X O O O V / O / X O O O V / O / X O O O V / O

O / X O O O V / O / X O O O V / O / X O O O V / O

V / O O O O O / D / O O O O O / D / O O O O O / X

O V / O O O / X O V / O O O / X O V / O O O / X O

O O V / O / X O O O V / O / X O O O V / O / X O O

O O V / O / X O O O V / O / X O O O V / O / X O O

O O V / O / X O O O V / O / X O O O V / O / X O O

O O O / D / O O O O O / D / O O O O O / D / O O O

Jeder Musterreihe folgt eine Zwischenreihe, die so gestrickt wird, wie sich die Maschen zeigen. Die ersten und letzten senkrechten Randmaschen weichen etwas vom Muster ab, damit beim Flachstricken ein glatter Rand entsteht. Beim Rundstricken fällt diese Abweichung fort, genau das Muster beachten.

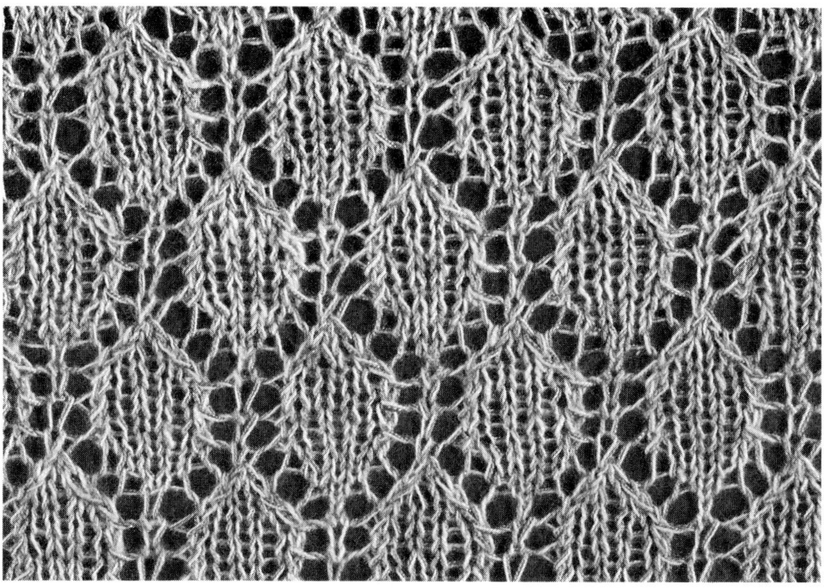

Blattmodel

X / O O O O O / O O O X – – X / O O O O O / O O O X

X O / O O O / O O O O X – – X O / O O O / O O O O X

X O O / / / O O O O O X – – X O O / O / O O O O O X

X O O O / O O O O O / X – – X O O O / O O O O O / X

X O O O O / O O O / O X – – X O O O O / O O O / O X

X O O O O O / O / O O X – – X O O O O O / O / O O X

X / O O O O O / O O O X – – X / O O O O O / O O O X

X O / O O O / O O O O X – – X O / O O O / O O O O X

X O O / O / O O O O O X – – X O O / O / O O O O O X

X O O O / O O O O O / X – – X O O O / O O O O O / X

X O O O O / O O O / O X – – X O O O O / O O O / O X

X O O O O O / O / O O X – – X O O O O O / O / O O X

X / O O O O O / O O O X – – X / O O O O O / O O O X

X O / O O O / O O O O X – – X O / O O O / O O O O X

X O O / O / O O O O O X – – X O O / O / O O O O O X

Jeder Musterreihe folgt eine Zwischenreihe, die so gestrickt wird, wie sich die Maschen zeigen.

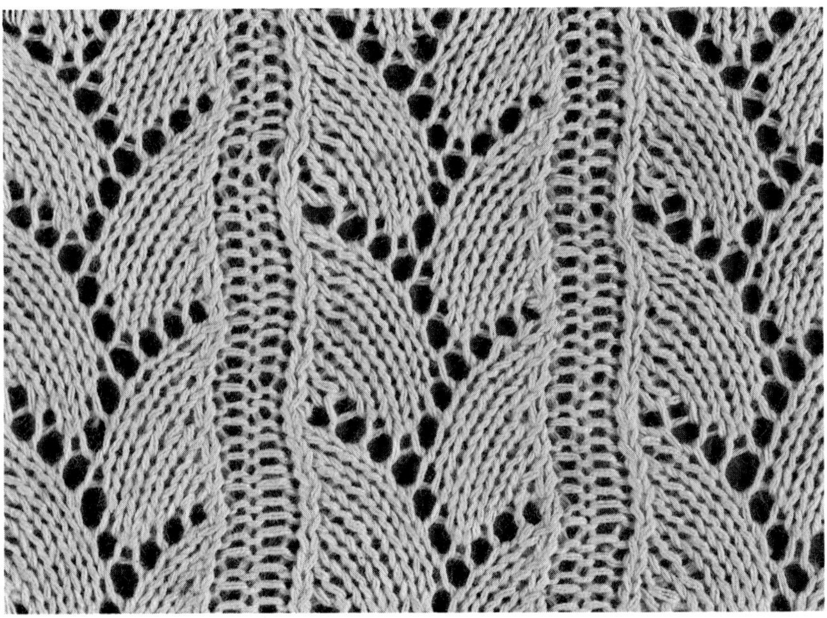

Schleierstreifen von 1801

—	8	—	—	/	X	—	—	8	—	8	—	—	/	X	—	—	8	—	8	—	—	/	X	—	—	8	—
—	8	—	—	V	/	—	—	8	—	8	—	—	V	/	—	—	8	—	8	—	—	V	/	—	—	8	—
—	8	—	—	/	X	—	—	8	—	8	—	—	/	X	—	—	8	—	8	—	—	/	X	—	—	8	—
—	8	—	—	V	/	—	—	8	—	8	—	—	V	/	—	—	8	—	8	—	—	V	/	—	—	8	—
—	8	—	—	/	X	—	—	8	—	8	—	—	/	X	—	—	8	—	8	—	—	/	X	—	—	8	—
—	8	—	—	V	/	—	—	8	—	8	—	—	V	/	—	—	8	—	8	—	—	V	/	—	—	8	—
—	8	—	—	/	X	—	—	8	—	8	—	—	/	X	—	—	8	—	8	—	—	/	X	—	—	8	—
—	8	—	—	V	/	—	—	8	—	8	—	—	V	/	—	—	8	—	8	—	—	V	/	—	—	8	—
—	8	—	—	/	X	—	—	8	—	8	—	—	/	X	—	—	8	—	8	—	—	/	X	—	—	8	—
—	8	—	—	V	/	—	—	8	—	8	—	—	V	/	—	—	8	—	8	—	—	V	/	—	—	8	—
—	8	—	—	/	X	—	—	8	—	8	—	—	/	X	—	—	8	—	8	—	—	/	X	—	—	8	—
—	8	—	—	V	/	—	—	8	—	8	—	—	V	/	—	—	8	—	8	—	—	V	/	—	—	8	—
—	8	—	—	/	X	—	—	8	—	8	—	—	/	X	—	—	8	—	8	—	—	/	X	—	—	8	—
—	8	—	—	V	/	—	—	8	—	8	—	—	V	/	—	—	8	—	8	—	—	V	/	—	—	8	—
—	8	—	—	/	X	—	—	8	—	8	—	—	/	X	—	—	8	—	8	—	—	/	X	—	—	8	—
—	8	—	—	V	/	—	—	8	—	8	—	—	V	/	—	—	8	—	8	—	—	V	/	—	—	8	—

Dieses Muster wird ohne Zwischenstreifen gestrickt. Beim Rundstricken (Strümpfe) stricken wir Reihe für Reihe von rechts nach links. Beim Flachstricken ist die Reihe mit den X-Zeichen die Rückseite, und die Reihe mit den V-Zeichen die Vorderseite.

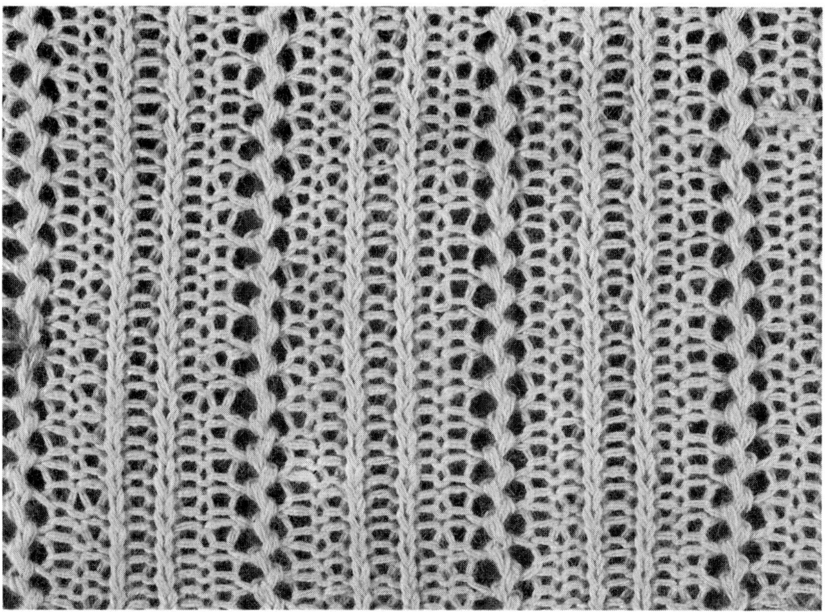

Der versetzte Schleier

—	—	—	8	8	—	—	—	/	×	—	—	—	8	8	—	—	—
—	—	—	8	8	—	—	—	V	/	—	—	—	8	8	—	—	—
—	—	—	8	8	—	—	—	/	×	—	—	—	8	8	—	—	—
—	—	—	8	8	—	—	—	V	/	—	—	—	8	8	—	—	—
—	—	—	/	×	—	—	—	8	8	—	—	—	/	×	—	—	—
—	—	—	V	/	—	—	—	8	8	—	—	—	V	/	—	—	—
—	—	—	/	×	—	—	—	8	8	—	—	—	/	×	—	—	—
—	—	—	V	/	—	—	—	8	8	—	—	—	V	/	—	—	—
—	—	—	8	8	—	—	—	/	×	—	—	—	8	8	—	—	—
—	—	—	8	8	—	—	—	V	/	—	—	—	8	8	—	—	—
—	—	—	8	8	—	—	—	/	×	—	—	—	8	8	—	—	—
—	—	—	8	8	—	—	—	V	/	—	—	—	8	8	—	—	—

Das Muster wird ohne Zwischenstreifen gestrickt.

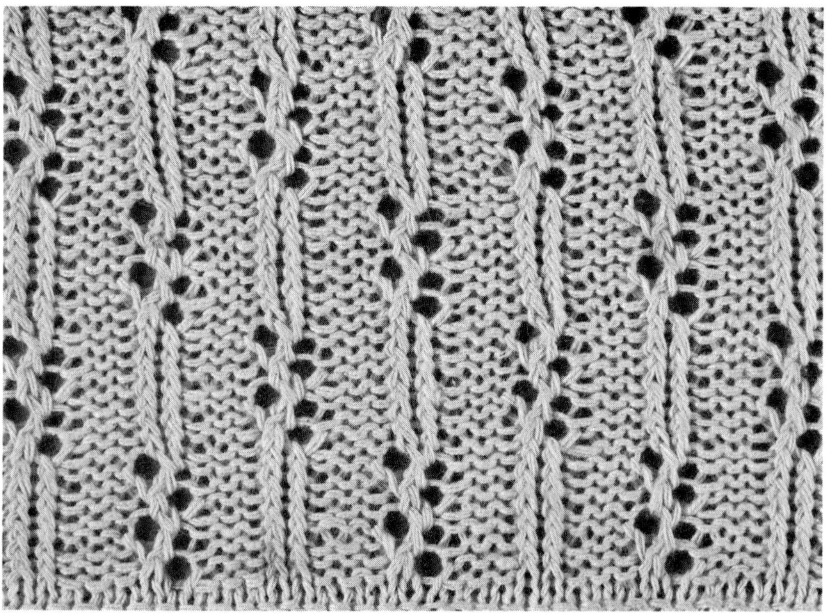

Kleine Wanzen

O O / D / O O O / D / O O O / D / O O O / D /

V / O O O / D / O O O / D / O O O / D / O O O

O O / D / O O O / D / O O O / D / O O O / D /

V / O O O / D / O O O / D / O O O / D / O O O

O O / D / O O O / D / O O O / D / O O O / D /

V / O O O / D / O O O / D / O O O / D / O O O

O O / D / O O O / D / O O O / D / O O O / D /

V / O O O / D / O O O / D / O O O / D / O O O

O O / D / O O O / D / O O O / D / O O O / D /

V / O O O / D / O O O / D / O O O / D / O O O

O O / D / O O O / D / O O O / D / O O O / D /

V / O O O / D / O O O / D / O O O / D / O O O

O O / D / O O O / D / O O O / D / O O O / D /

Jeder Musterreihe folgt eine Zwischenreihe, die so gestrickt wird, wie sich die Maschen zeigen.

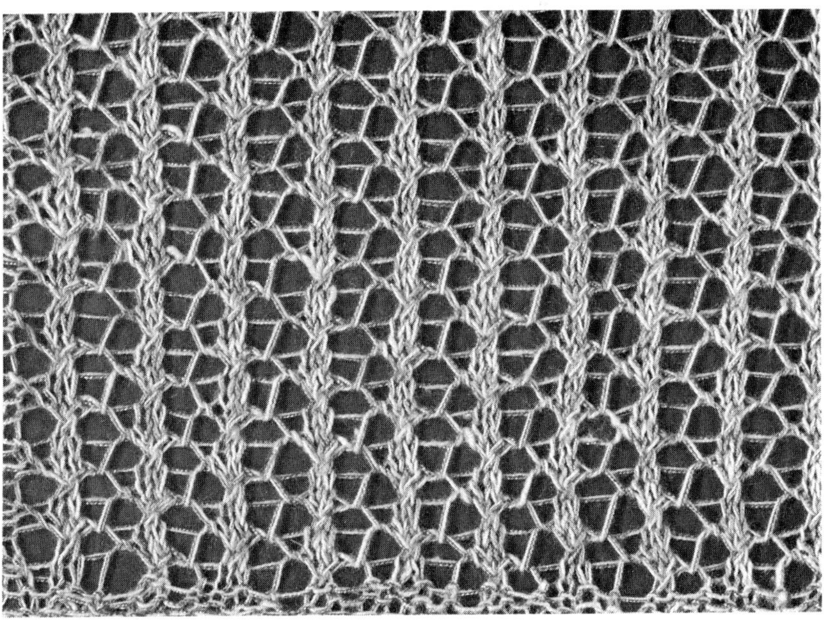

Gestrickte Borte

– – – – ○ ○ – – ○ ○ – – – – ○ ○ – – ○ ○ – – –
– – – – ○ ○ – – ○ ○ – – – – ○ ○ – – ○ ○ – – –
○ ○ ○ ○ – – ○ ○ – – ○ ○ ○ ○ – – ○ ○ – – ○ ○ ○
○ ○ ○ ○ – – ○ ○ – – ○ ○ ○ ○ – – ○ ○ – – ○ ○ ○
– – – – ○ ○ – – ○ ○ – – – – ○ ○ – – ○ ○ – – –
– – – – ○ ○ – – ○ ○ – – – – ○ ○ – – ○ ○ – – –
○ ○
○ ○
– ○ – ○ – ○ – ○ – ○ – ○ – ○ – ○ – ○ – ○ – ○ –
– ○ – ○ – ○ – ○ – ○ – ○ – ○ – ○ – ○ – ○ – ○ –
○ ○
○ ○
– –
– –

Je nach Garnstärke kann das Muster verdoppelt werden, wie auf der Fotografie ersichtlich. Hier ist die Borte abgeschlossen, sie kann auch offen bleiben, wie die Mustertafel zeigt. Die mit links bezeichneten Maschen werden beim Zweifarbenstricken rechts und andersfarbig gestrickt.

Stiagn-Staffel für Zweifarbenstrümpfe

```
O O O – O O O O – O O O O O O – O O O O – O O O
– – O – – – – O – – – – – – – – O – – – – O – –
O – O O O O – O O O O – – O O O O – O O O O – O
O – – – – O – – – – O – – O – – – – O – – – – O
O O O O – O O O O – O O O O – O O O O – O O O O
– – – O – – – – O – – – – – – O – – – – O – – –
O O – O O O O – O O O O O O O O – O O O O – O O
– O – – – – O – – – – O O – – – – O – – – – O –
– O O O O – O O O O – O O – O O O O – O O O O –
– – – – O – – – – O – – – – O – – – – O – – – –
O O O – O O O O – O O O O O O – O O O O – O O O
– – O – – – – O – – – – – – – – O – – – – O – –
O – O O O O – O O O O – – O O O O – O O O O – O
O – – – – O – – – – O – – O – – – – O – – – – O
O O O O – O O O O – O O O O – O O O O – O O O O
```

Jede Reihe ist 2 Gänge hoch zu stricken.
Die mit links bezeichneten Maschen werden rechts und andersfarbig gestrickt.

Die Bienenwaben

Ein unter vielen Namen weit herum bekanntes altes Volkskunstmuster mit hochgezogenen Maschen

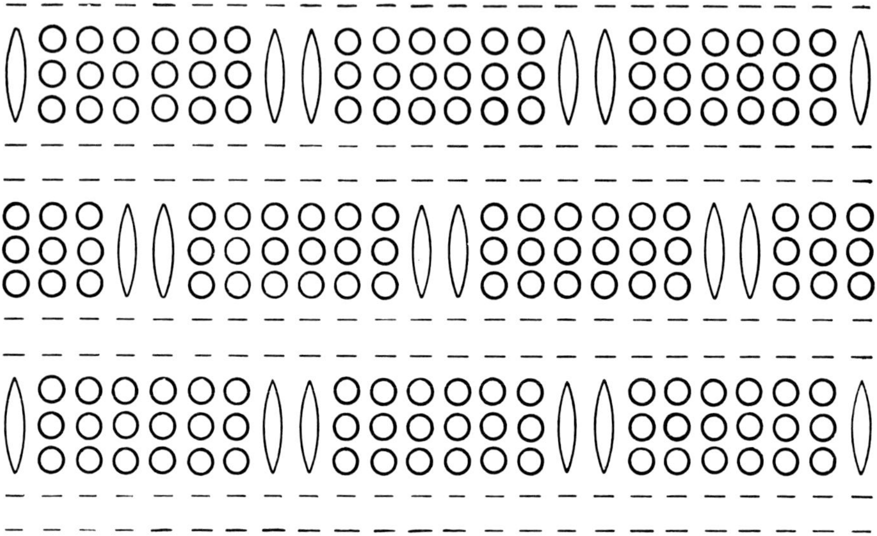

Die Spindelzeichen in der Stricktafel deuten die hochgezogenen Maschen an. Die hochgezogenen Maschen und die links bezeichneten Maschen werden **rechts** und andersfarbig gestrickt. In der ersten Musterreihe werden die hochzuziehenden Maschen gestrickt, in den beiden nachfolgenden Reihen nur abgenommen. Das Muster wird ohne Zwischenreihen gestrickt.

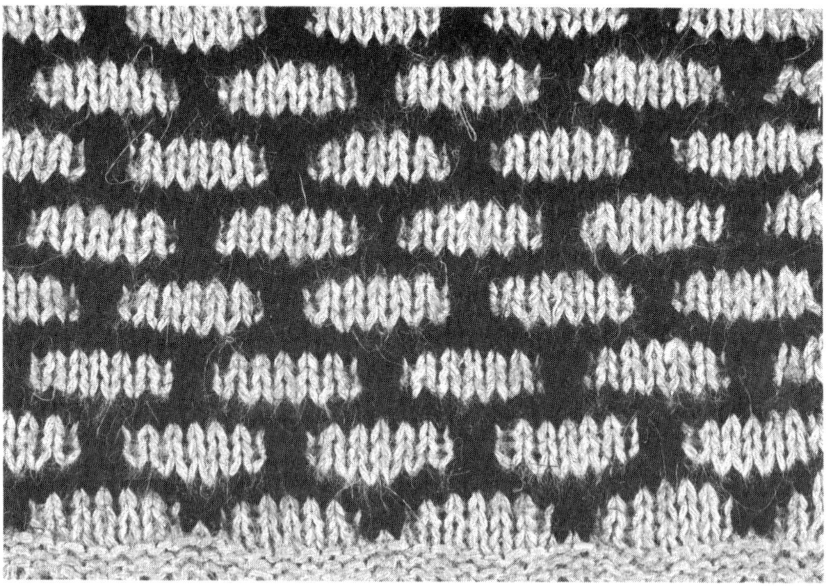

Schuppenmodel

Wadenkeil für Frauenstrümpfe

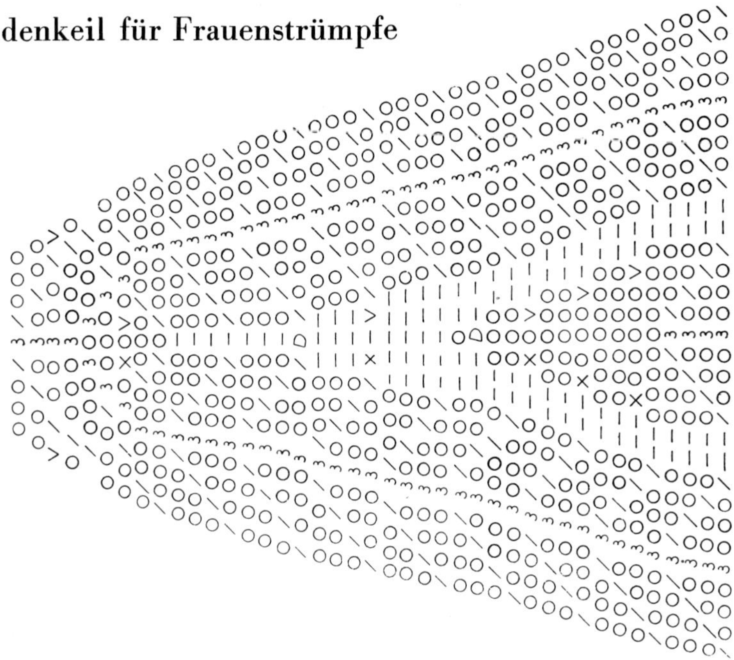

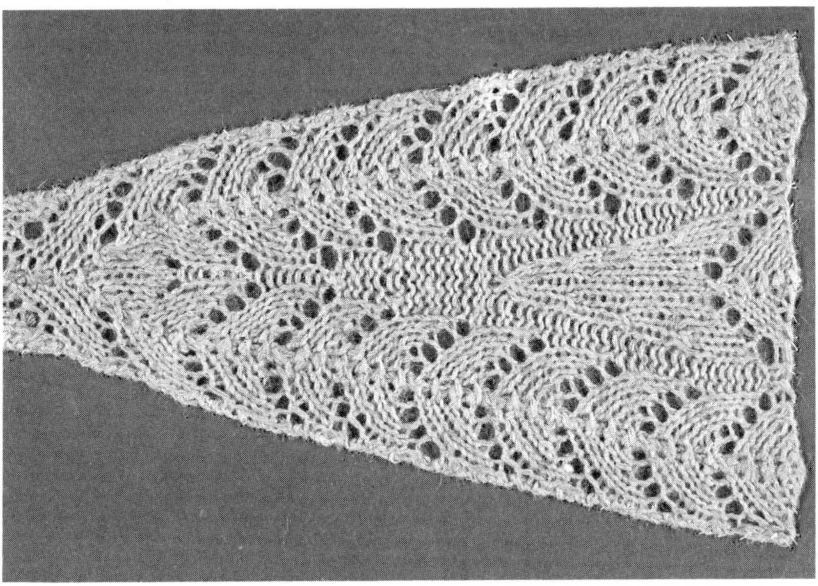

Das Glöckerl
Wadenkeil für Frauenstrümpfe

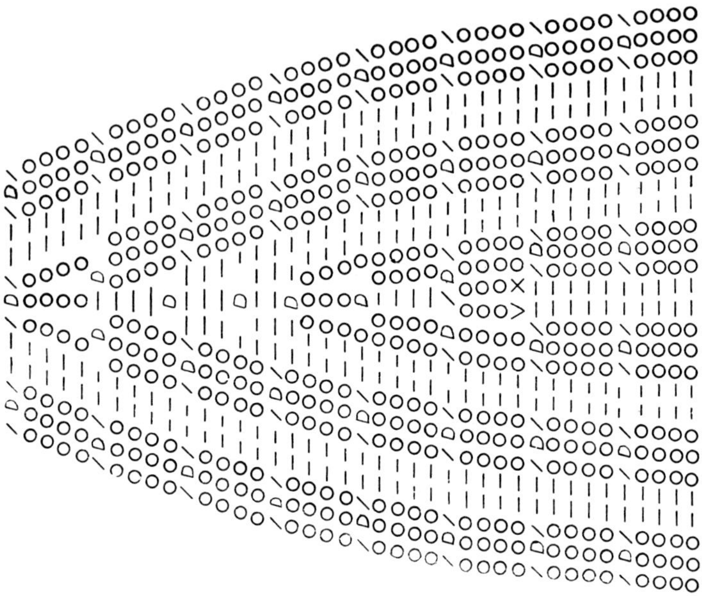

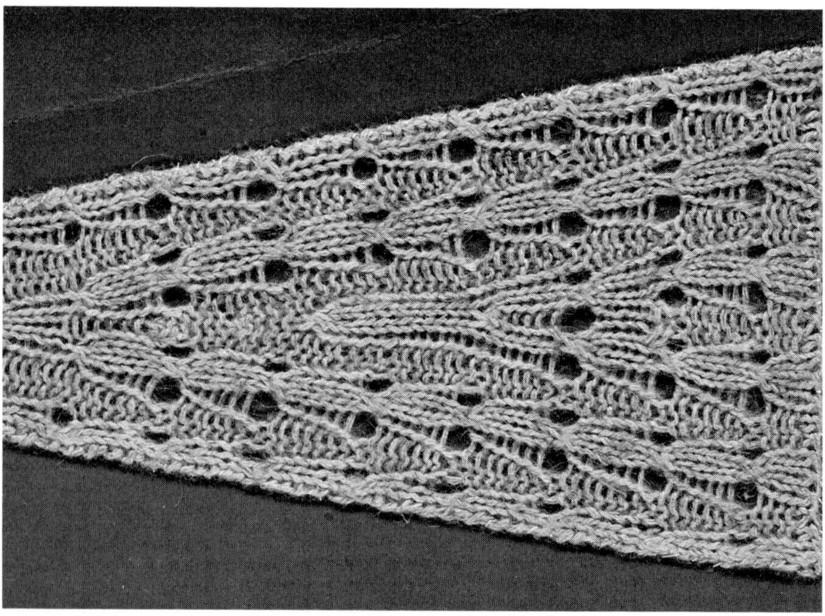

Die kleinen Streifenwanzen
Wadenkeil für Frauenstrümpfe

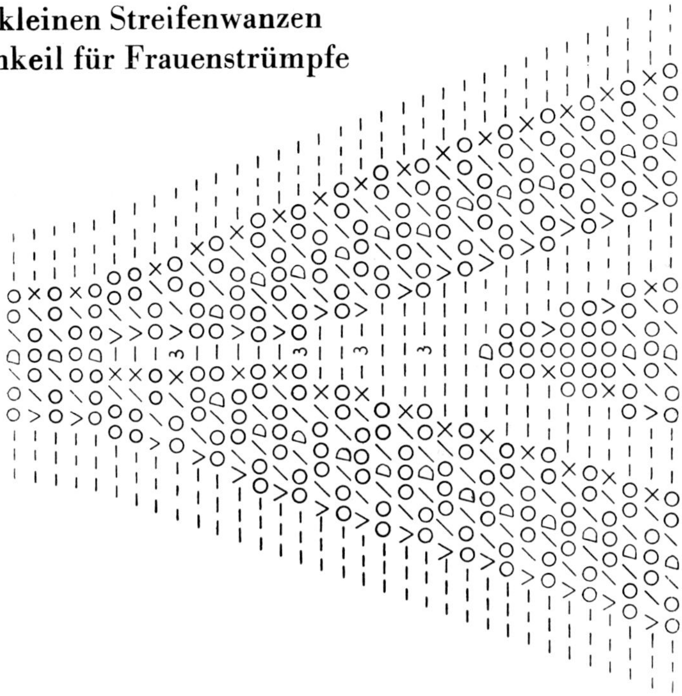

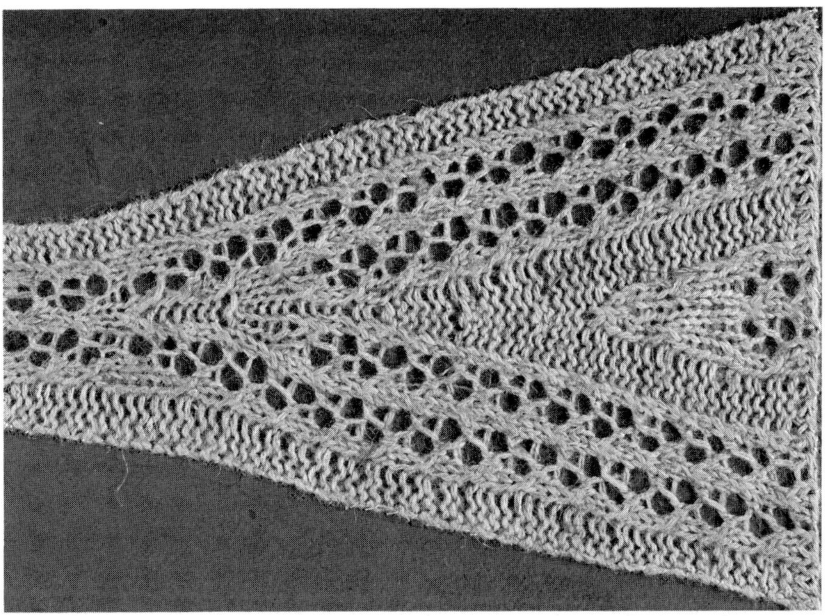

Erbsengrund 2. Art

Die Stricktafel des Musters ist auf Seite 72.

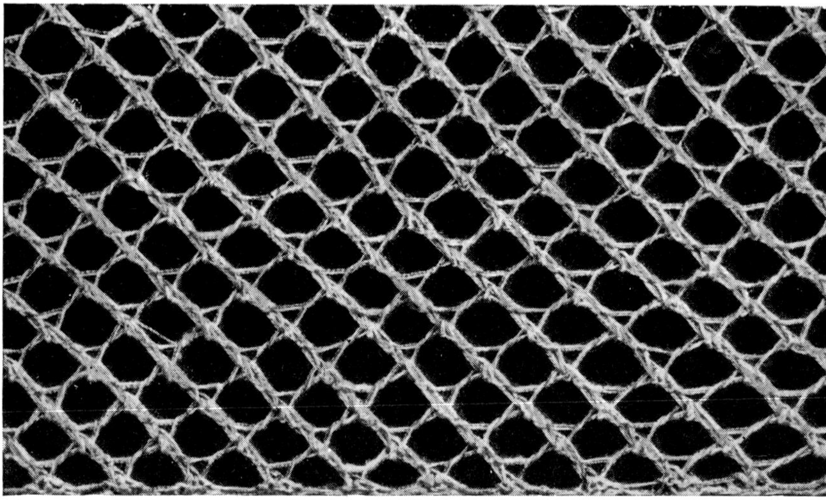

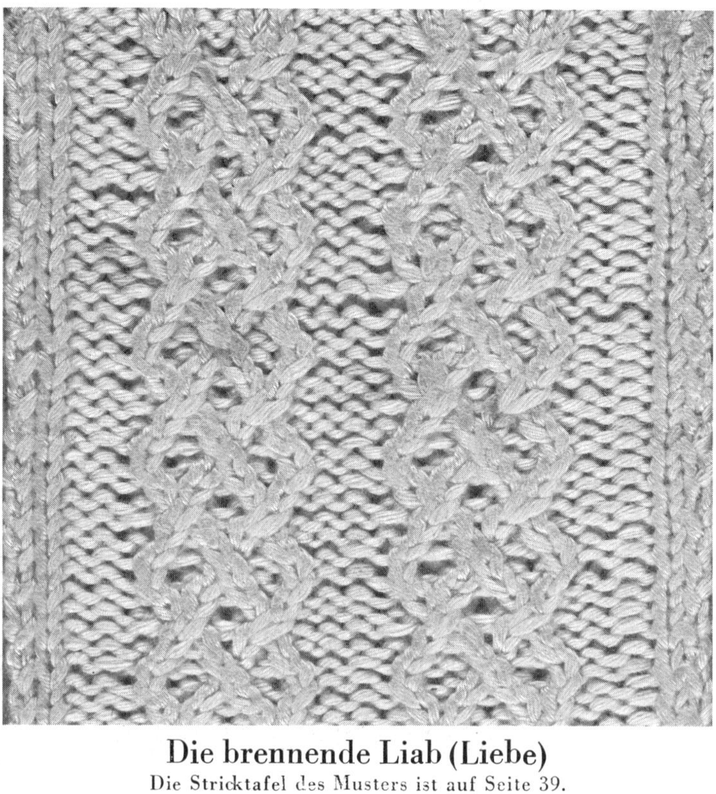

Die brennende Liab (Liebe)

Die Stricktafel des Musters ist auf Seite 39.